キリストこそわれらの平和

エフェソの信徒への手紙講解説教

近藤勝彦

教文館

目次

一章1－6節

神の祝福による力の回復

神の御心によってキリスト・イエスの使徒とされたパウロから、エフェソにいる聖なる者たち、キリスト・イエスを信ずる人たちへ。わたしたちの父である神と主イエス・キリストからの恵みと平和が、あなたがたにあるように。
わたしたちの主イエス・キリストの父である神は、ほめたたえられますように。神は、わたしたちをキリストにおいて、天のあらゆる霊的な祝福で満たしてくださいました。天地創造の前に、神はわたしたちを愛して、御自分の前で聖なる者、汚れのない者にしようと、キリストにおいてお選びになりました。イエス・キリストによって神の子にしようと、御心のままに前もってお定めになったのです。神がその愛する御子によって与えてくださった輝かしい恵みを、わたしたちがたたえるためです。

エフェソの信徒への手紙の冒頭を読みました。この手紙は、異邦人の使徒パウロがエフェソの信徒たちに書いた手紙として読まれてきました。今日では、この手紙の著者が誰か、また誰に宛てて書かれた手紙なのか、別の理解がなされています。聖書の中のどの文書もそうですが、オリジナルの原本がそのまま残っているわけではありません。幾世代にもわたって写し伝えた写本が手掛かりです。しかも複数の写本があり、それぞれに細部の違いがあって、どの写本が原本に近いのか判断しなければならないわけです。

1節に「エフェソにいる聖なる者たちへ」とありますが、この「エフェソにいる」という言葉が記されているのは、比較的後代の写本においてだと言われます。最近「聖書協会共同訳」という聖書の新しい訳が出版されましたが、この箇所に注を付けて、「エフェソにある」を抜いた別の読み方も記しています。それにしてもこの手紙が、エフェソか、あるいはラオディキア、いずれにせよ今日のトルコの西側地域に当たるアジア州の教会に宛てた手紙であろう、それも一つの教会でなく、使徒パウロの伝道によって成立した一群の教会に宛てた手紙であろうと考えられています。そうした諸教会、一群の教会に宛てて、真の教会はキリストの体として一つであると告げているところにこの手紙の特徴があります。

時代はおそらく一世紀末、九〇年代と思われます。手紙の受け取り手は、信仰を与えられて二代目か三代目のキリスト者たちです。ですから、同じアジア州の教会に宛てた手紙でも、ガラテヤの信徒への手紙が問題にしたユダヤ人キリスト者による「割礼問題」や律法へのこだわりによる「異なる福音」の危険は出てきません。教会は別の危険に直面しています。それはヨハネの黙示録が指摘している状況と似た状況だったと思われます。ヨハネの黙示録は、エフェソの教会に「あなたは初めのころの愛から離れてしまった。だから、どこから落ちたかを思い出し、悔い改めて初めのころの行いに立ち戻れ」（黙二4）と語っています。また同じ地域のラオディキアの教会には「あなたは、冷たくもなく熱くもない。……なまぬるいので、わたしはあなたを口から吐き出そうとしている」（黙三15）と記しています。これはエフェソの信徒への手紙が問題にしている諸教会の状況と同じではないかと思われます。紀元一世紀末の小アジアには、相異なる誤った教えが出現し、それら相互の分裂が生じていました。そして初めの愛が冷え、礼拝に参加する熱意は弱体化し、一般的ななまぬるさに誘われていました。エフェソの信徒への手紙には、そうした状況の中でそれら諸原因と戦って、信仰の真実に生きる教会とそしてその信仰生活のあり方が記されています。ということは、エフェソの信徒への手紙は、今日の教会が置かれているのと似た環境の中で、真実の教会とキリスト者の生き方を語っていると言ってもよいでしょう。

もう一つ、誰がこの手紙を記したかという問題もあります。この手紙が信仰の第二世代や第三世代を対象にして九〇年代に記されたとすれば、著者は当然、使徒パウロその人ではありません。パウロはすでに紀元六〇年頃に殉教の死を遂げているからです。著者はパウロの弟子で、パウロの信仰を引き継ぎながら小アジアの教会の責任を負ったリーダーでしょう。それでエフェソの信徒への手紙は「第二パウロ書簡」と呼ばれることもあります。パウロの弟子である著者は、自分の名を言わず、パウロ自身が語っているように記しています。「神の御心によってキリスト・イエスの使徒とされたパウロから」と記されている通りです。著者を偽る不正を働いたのでしょうか。現代人の不正行為には著作権侵害もあるでしょう。他の人が書いたものをまるごとパクって、自分が書いたかのように装うわけです。

しかしエフェソの信徒への手紙の隠れた著者は、そのようなパクリの不正を犯したわけではありません。彼がしたことはそれとは逆のことでした。自分へのこだわりを捨てて、書かれた内容に自分を捧げ、本当の意味ではここでパウロが語っているのだと言ったのです。パウロ自身はそこまで語っていないとしても、真実の意味ではパウロの信仰が語っていると言うのでしょう。ですからこの手紙の説教で、ここではパウロが語っていると言っても、それは著者の意図に沿うことであり、許されることでしょう。

この手紙は聖書の中の他の文書と共に、多くの教会とキリスト者たちを生み出しました。そして彼らの信仰と生活を、支え、導き、生かしてきました。古代教会の一群の教父たちの出発点になったエイレナイオスは、この手紙から決定的な信仰を学びました。ピューリタンの神学的指導者トーマス・グッドウィンは、その全集の最初の二巻をエフェソの信徒への手紙の説教にささげています。個人的なことを言いますと、五〇年前、神学生の頃、夏期伝道のために鎌倉雪ノ下教会でひと夏を過ごしました。その時の牧師は今の私と同年か、少し年配だったのではないかと思います。毎日曜日、礼拝前の朝食に牧師館に呼ばれて、お食事をいただきながら話を交わしました。植村正久から洗礼を受けて牧師になり、その教会の基礎を築いた松尾酒造蔵牧師は、しきりにエフェソの信徒への手紙の話をなさいました。このパウロ書簡が今こそ重要で、これによって教会が建てられなければならない、そうしきりに語りました。ほかのことは覚えていません。ただ力と経験に富んだ厚みのある牧師が、年を経て、今こそエフェソ書から学ばなければならないと語っていたことは、五〇年を経て、今なお鮮明に覚えています。私自身も今、日本のキリスト教会全体に思いを向けながら、同じような心境になっています。

本文に入って、いきなり圧倒的な言葉の連続に打たれます。「恵みと平和があるように」という祝福の祈りの後、本文開始の3節は「ほめたたえられよ」と始まります。「ほめたたえられよ、神、私たちの主イエス・キリストの父」と言います。そして「その父なる神がキリストにあって霊的な天のあらゆる祝福で私たちを祝福してくださった」と続きます。「ほめたたえられよ」というのは、「よい言葉」あるいは「よく言う」という言葉で、「讃美」とも「祝福」とも訳せます。「わたしたちの主イエス・キリストの父である神は、ほめたたえられますように。神は、わたしたちをキリストにおいて、天のあらゆる霊的な祝福で満たしてくださいました」。「満たしてくださいました」は、文字通りには「あらゆる霊的な祝福で祝福してくださいました」です。神が私たちをあらゆる祝福で祝福してくださった。だから私たちは神を讃美しようと言うのです。神の愛とキリスト者の信仰の応答が語られます。私たちを祝福してくださる神に祝福あれ、讃美あれと言うのです。

そして4節以降は、3節に言われた「あらゆる霊的な祝福」の中身を一つ一つ語っていきます。神は天地を創造される以前から選んでくださったということ。私たちを神の子としてくださったこと。キリストの輝かしい恵みがあって、その血によって贖ってくださった。罪を赦してくださった。神に御計画があり、それを知らせてくださった。神の御計画で約束されたものを受け継ぐ相続者に私たちをしてくださった。私たちは福音を聞き、聖霊を受けることができた。そして聖霊は私たちが神の国を受け継ぐことを保証してくれている。そのすべてが神の祝福であり、私たちに対する神の愛の行為です。そしてその全体が一つの文章で綴られています。

3節から14節までが一つの文章だと言うと、何のことかと思われるかもしれません。しかし実際にそうなのです。この段落全体が長い一つの文章です。それをいくつにも分けて訳しているのです。これほど長大な一つの文章は、新約聖書の他のどこにもありません。それどころか、あらゆるギリシア語文献のどこにもこれに匹敵するものはないとも言われます。しかしイエス・キリストにあって、父なる神とイエス・キリストと聖霊の業である神の愛の行為、その祝福行為を語るとなれば、その文章は限りない分量になるとも言えるのではないでしょうか。そしてその祝福に応えて、神に讃美があるように、ほめたたえられるようにと言うのです。これは礼拝している言葉とも言えるでしょう。キリスト者というのは、神の愛の行為を知らされて、礼拝している者たちです。その内容は、一言一言嚙み締めるように語らなければならないでしょう。本来ならいくつもの説教として語られるべきとも思われます。

エフェソの信徒への手紙は、讃美の呼びかけ、つまりは礼拝の呼びかけから書き始められました。この手紙は、これから教会とは何かを記し、教会に連なる信仰者のさまざまな問題について導きを与えようとしています。試練と戦いの中にある信仰生活に手引きを与えようとしています。それは教会形成のための文書であり、また一人一人の魂と生活に配慮した牧会的な文書です。それが、神がほめたたえられるようにと書き出され、その理由として神の多くの祝福を長大な一つの文章で記しているのです。私たちを多くの祝福で祝福してくださる神の愛を記し、それに応える讃美から書き始めているのです。キリスト者とは神に愛され祝福されながら神を讃美する人です。

教会はときには熱くもなく冷たくもなくなる、そういう状況に立たされることがあるでしょう。エフェソの教会もそうでした。ヨハネの黙示録によれば、この手紙の受け取り手は「初めのころの愛から離れている」と言われました。愛から離れていたら、教会もそこでの信仰生活も、活力を失うほかはないでしょう。失われた教会の活力はどこで取り戻すことができるでしょうか。神の愛、そして神の愛による祝福の御業に打たれるところででしょう。信仰の活力、そして活力のある信仰は、神の豊かな祝福の行為、神の愛による救済行為を受けて、それによって生かされることから成立するでしょう。神の祝福に打たれ、それに応えて神を讃美する――その交流の中で「神にある真のいのち」が回復され、「活力」が取り戻されます。

教会が、そしてその一人一人の生活が、「聖さ」を失うこともあるでしょう。それによって道徳的な力を喪失することもあると思います。しかし神は、「ご自分の前で聖なる者、汚れのない者にしようと、キリストにおいてお選びになってくださった」とあります。キリストにあっての選び、それも天地創造に先立つ選びを知り、神の選びの祝福に応える人生なら、当然、信仰の真面目と道徳的活力を取り戻すのではないでしょうか。パウロは神の祝福の真っ先に神の愛による選びがあると語ります。私たちを御自分の子としてくださるために神はキリストにあって選んでくださったと語ります。この神の祝福の御業と私たちの神への讃美、神の愛と私たちの信仰の交流の中で、信仰生活の活力が再び取り戻されます。そしてそれが取り戻されたとき、その中で耐えられない人生の問題はないでしょう。神の祝福の行為が選びであり、その選びによって私たちを子としてくださるのであったら、私たちには生きる力が湧いてきます。聖なる者とされて汚れなく、責められるところなく生きる活力が湧いてきます。そして「神に讃美あれ」と言うでしょう。どこを切っても礼拝になる、そういう信仰生活が生まれます。そういう信仰の人生を生きていこうではありませんか。

一章7－10節

万物を一つにまとめるキリスト

わたしたちはこの御子において、その血によって贖われ、罪を赦されました。これは、神の豊かな恵みによるものです。神はこの恵みをわたしたちの上にあふれさせ、すべての知恵と理解とを与えて、秘められた計画をわたしたちに知らせてくださいました。これは、前もってキリストにおいてお決めになった神の御心によるものです。こうして、時が満ちるに及んで、救いの業が完成され、あらゆるものが、頭であるキリストのもとに一つにまとめられます。天にあるものも地にあるものもキリストのもとに一つにまとめられるのです。

「あなたは救われているか」と問われたら、どう答えるでしょうか。救いとはいったい何でしょうか。私たちが現に苦しんでいる悩みや生活の困難から救われるのであれば、それは分かります。病気で苦しんでいる人は多くいますし、人間関係で悩んでいる人も少なくないでしょう。不合理な事件で家族を失って悲嘆に暮れるケースも世には跡を絶ちません。人間は誰もが、自分の悩み、それだけでなく家族の悩みを抱え、周囲の人々の苦難にも心を痛め、救いを求めているのではないでしょうか。そうした身近な問題からイエス・キリストにおける神の愛とその救いを理解し、助けや慰めを与える福音を伝えることができれば、それはそれで素晴らしいことと言うことができるでしょう。

しかし、それだけが救いを語る道ではありません。私たちの悩みから救いを知るのでなく、イエス・キリストをまず知ることから、その救いを知らされる道もまたあります。自分自身を中心にして、そこから救いを理解するのでなく、イエス・キリストから、その主の働きから救いを知らされるのです。人間中心の救いの探求は、ともすれば自分中心の救いの理解になってしまうことがあるのではないでしょうか。

今朝の御言葉の7節には、「わたしたちはこの御子において、その血によって贖われ、罪を赦されました。これは、神の豊かな恵みによるものです」とあります。この文章は、直訳しますと、「御子において、私たちは持っています」と言います。神の御子キリストにあって、私たちは、現在、持っている。何をでしょうか。彼の血による贖いを、そしていろいろな過ちの赦しをキリストの豊かな恵みによって今現在持っていると言うのです。これがパウロの言葉として伝えられているキリスト教信仰の救いの表現です。

「彼の血による贖い」を持っているというのは、イエス・キリストがゴルゴタの丘の十字架で流された血、その血による贖いですから、キリストの犠牲の血によって私たちの罪が処理され、罪の効力が破棄され、罪の支配から解放されたことを意味します。それで罪の赦しを持っているとも言われます。罪は神に敵対し、神との関係から引き裂く力です。神から引き裂かれると、命の源から断たれ、本当に生きていると言えない状態に陥ります。神はまた愛と光の源でもありますから、罪によって愛の源から断たれ、光の源から断たれ、暗闇をさまよう状態になります。

神に対する無関心や敵意によって、神が分からなくなれば、人間は自分自身のことも本当には分からなくなるでしょう。他者との関係も破れ、孤立の状態に陥ります。人間が救われなければならない根本状態は、罪による神との関係の破壊、そして神との交わりの喪失です。そこから結果する神からの離反や、神との分裂から世界の中での孤立状態に人間は陥り、そこから救われなければなりません。キリストの血による贖いを通して、神に対する敵意である罪が処理され、神と決して引き裂かれない平和な交わりの中に取り戻される。それが救いです。それで、キリストにあって彼の血による贖いを今、持っている、そして罪の赦しを持っている、そう言えるのが救いです。あのゴルゴタの丘の主イエスの十字架によって私たちは救いに入れられました。その救いを、今現在、御子キリストにあって私たちは持っているわけです。

今日は聖餐にあずかり、主の体を受け、その血にあずかったことを覚えます。キリストにあって、彼の豊かな恵みにより、彼の血による贖いによって、一切の反神的行為の誤りにもかかわらず、私たちは赦しを持ちます。この聖書の言葉を嚙みしめながら、聖餐にあずかってよいのではないでしょうか。

主の十字架の中で、神の恵みは満ち溢れています。主イエス・キリストによって示された神の愛からは、何物によっても引き裂かれない、とパウロは言いました。死も病も、家族ゆえの悲嘆も、どんな不合理な事件による苦難も、私たちを神の愛から引き離すことはできません。ですから主キリストにあって、救いに入れられていると信じて生きていくことができます。

キリストの血による贖いの救いのことは、もう何度も聞かされているという人がいるかもしれません。しかしこの恵みは何度も聞く必要があります。聞くごとに、恵みは豊かに満ち溢れます。それがキリストの血による贖いです。そしてその満ち溢れる恵みの中で、神の御計画の秘義、神の御心の奥義が知らされる、と御言葉は語ります。キリストの血による贖いは、神の恵みを満ち溢れさせ、エフェソの信徒への手紙の中でもう一つの独特な救いの表現を取りました。それは、「時が満ちるに及んで、キリストにあって万物が一つにまとめられる」、そういう神の御心の奥義があるというのです。

私たちは通常、これほど大きなキリストの救いを考えてはいないのではないでしょうか。私たちはどうしても自分中心で、キリストにおける神の救いも自己中心的に小さく理解しがちです。いつの間にか自分のサイズに合わせて、キリストによる救いを縮小して受け取っているのではないでしょうか。

しかし聖書はキリスト御自身に即した仕方で、救いを告げ知らせます。天にあるもの、地にあるものの一切が、主イエス・キリストにあって一つにまとめられ、再統合される、と言うのです。「一つにまとめられる」とある言葉は、「やり直される」とも、「要約される」とも訳される言葉であり、また「まとめられる」とも、「帰一する」とも、いろいろに工夫されて訳される言葉です。天にあるものも地にあるものもキリストの中に包含され、宇宙的な再統合が果たされ、それが実現したのであって、そしてさらに完成的に実現すると言うのです。この巨大な救いの表現が、古代の教父エイレナイオスに影響を与えました。キリストにおける万物再統合の救済信仰として継承されました。そしてこれが教会の信ずべき救いの理解とされました。この信仰によって教会は、世界的な教会、宇宙的な教会として世に立っています。

キリストにあって万物が一つにされるというのは、「アナケファライオーシス」という言葉です。そこに「頭」(ケファレー)という言葉と似た音が含まれています。それでここには「あらゆるものが、頭であるキリストのもとに一つにまとめられます」と訳されています。この訳が適切かどうかに問題もあって、口語訳では「頭」という訳語はなく、「キリストにあって一つに帰せしめようとされた」とありました。しかし、あらゆるものがキリストにあって一つにまとめられるということは、キリストが万物の頭であることによるでしょう。

この救済信仰は、すでにフィリピの信徒への手紙に示されていました。パウロはそこで初代教会の讃美歌を用いて、キリストが十字架の死に至るまで従順であったと語りました。そして「このため、神はキリストを高く上げ、あらゆる名にまさる名をお与えになりました。こうして天上のもの、地上のもの、地下のものがすべて、イエスの御名にひざまずき、すべての舌が

『イエス・キリストは主である』と公に宣べて、父である神をたたえるのです」（フィリ二9－10）と語ったのです。万物がキリストを主と告白し、神をたたえる。これはすでにキリストによる万物再統合の宇宙的救済信仰にほかなりません。

私たちはイエス・キリストを「主」と信じます。十字架に死に、復活した主イエスを「わが主、わが神」と信じます。主イエス・キリストは「私の主」であり、同時に人類の主であり、世界の主です。つまりはイエス・キリストは万物の主であり、宇宙の主であると信じています。キリストを「主」と信じる中には、キリストにおける万物再統合の救済信仰がすでに含まれていると言ってもよいでしょう。

「万物がキリストのうちに一つにまとめられる」ということは、将来そうなると希望しているだけではありません。「時が満ちるに及んで、救いの業が完成され」とあるのは、ただ、いつか完成されるだろうと言っているのではありません。「時が満ちる」のは主の到来によります。主イエスは「時は満ちた、神の国は近づいた」と語られました。主のおられるところに神の国の突入があるように、時が満ちて、主イエスは来られたのです。主の血による贖いの中で、時は満ち、主イエスの復活と昇天、主の恵みの支配によって、万物はすでに一つにまとめられています。私たちの目には、キリストの恵みの支配のもとにありながら、なお世界は引き裂かれていると見える現実があります。人と人、人と動物、人と大地、人種や民族や国々の間に、宇宙の中に、なお分裂が残っています。しかしキリストの血による贖い、そして復活の主の支配によって万物はすでに一つにされ、主の恵みの支配下に置かれています。そしていよいよますます、まとめられ、一つにされるでしょう。私たちがなお分裂に悩むとき、キリストが主であり、その恵みの御支配の下で一つにまとめられていることを信じて、さらに主の下に一つにされることを求めていくことができます。

アナケファライオーシス、キリストにおける万物再統合の信仰は、万物の頭であるキリストを信じることによります。主は復活の主として、十字架の贖いによって万物を一つにまとめてくださいました。十字架の主が世界を束ねています。罪と悪は被造物を相互に引き裂きますが、しかし十字架の主はその引き裂く力に打ち勝って、神の愛の交わりを打ち立てました。ゴルゴタの丘から世界を理解するならば、主の血による贖いが、引き裂かれた世界を一つにまとめ上げているのが分かります。さらにそれを主の復活から理解するならば、その再統合はかならずや完成するでしょう。

そこで教会は、この主イエス・キリストを世界に宣べ伝えます。この信仰と宣べ伝えによって教会は、一つにまとめられるでしょう。引き裂かれた状態のなお残るこの世界に、キリストにおける万物再統合の信仰を宣べ伝える教会がなければなりません。それがこの手紙、エフェソの信徒への手紙を受け取った教会の生き方になるのではないでしょうか。生ぬるい教会でなく、初めの愛に立ち返った教会であるとき、キリストを万物の頭、世界の主と信じて宣べ伝える教会であるに違いありません。

一章11－14節

神の子とされた人

キリストにおいてわたしたちは、御心のままにすべてのことを行われる方の御計画によって前もって定められ、約束されたものの相続者とされました。それは、以前からキリストに希望を置いていたわたしたちが、神の栄光をたたえるためです。あなたがたもまた、キリストにおいて、真理の言葉、救いをもたらす福音を聞き、そして信じて、約束された聖霊で証印を押されたのです。この聖霊は、わたしたちが御国を受け継ぐための保証であり、こうして、わたしたちは贖われて神のものとなり、神の栄光をたたえることになるのです。

信仰によって与えられる恵みの中には、自分が何者かということを知らされることも入っています。と言いますのは、私たちは信仰なしには、自分が本当は何者なのかを知らずにいるのではないでしょうか。自分が何者か分からないため、どう生きてよいか本当には分かりません。それどころか、見当違いに生きてしまっているということではないでしょうか。

信仰はもちろん自分を信じるわけではありません。イエス・キリストを信じ、イエス・キリストにあって神を信じます。しかしイエス・キリストにあって神を信じるとき、失われた迷子の羊が見つけ出されるように、私たちも神によって探され、見つけ出された人間として自分を知るのではないでしょうか。信仰によって与えられる恵みの中には、自分がどのようにして神によって探され、見い出されたかということをも知らされることが含まれています。ゴルゴタのキリストの十字架の出来事によって、あの中で私たちは探され、そして見つけ出されました。

今朝の聖書の箇所は、私たちを「約束されたものの相続者」と呼んでいます。「キリストにおいてわたしたちは、御心のままにすべてのことを行われる方の御計画によって前もって定められ、約束されたものの相続者とされました」（11節）というのです。「御心のままにすべてのことを行われる方」は神様にほかなりません。イエス・キリストにあって私たちは、神が約束したものの「相続者」とされています。そういう私たちであると聖書は告げています。「相続者」という呼び方は分かりにくいかもしれません。「神の子とされている」と言えば、もっと分かりやすいでしょう。子とされていれば、当然、相続者にされているからです。実際、5節には「神の子」と言われていました。「イエス・キリストによって神の子にしようと、御心のままに前もってお定めになったのです」とありました。神は私たちを天地創造の前にお選びになり、「神の子」にしようと定め、そして「約束されたものの相続者」とされたと言うのです。

イエス・キリストによって「神の子とされている」というのは、私たちに対する救いを告げる包括的な表現です。そしてそれはまたエフェソの信徒への手紙の中の重大なメッセージです。

そしてそこには約束されたものを相続するということが含まれているわけです。

　イエス・キリストによってどんな救いが与えられているかということには、いくつもの表現があります。宗教改革の時代、人々は神に対して恐れの感情を抱いていたと言われます。彼らは、罪によって神から引き離された人間は審判を受け、滅びに至ることを恐怖していました。それで罪の自分が、それにもかかわらず、イエス・キリストによって「義」と認められ、罪を赦されたと知らされたとき、その救いを「義認の救い」と呼んで、キリスト教的救済の代表的で包括的な表現として受け止めました。「義認の救い」はイエス・キリストの救いを語る宗教改革の典型的な表現になったのです。

　その三〇〇年後に、ウェスレーも義認の信仰を聞いて、心が温まるのを覚えたと言われます。そのうえでメソディスト教会は、さらに「聖化」の恵みを加え、義とされた者が聖化され、キリスト者の完全を生きることのできる幸いを救いとして語りました。メソディスト教会から生まれたホーリネス教会は「新生」を救いとして語りました。キリストによる救済には、さらに「聖徒の堅忍」も挙げられます。生涯にわたって続く試練や艱難の中にあって信仰者は、最期まで支えられ、試練に耐えることができ、最終的な救いの完成にあずかることができます。それを「聖徒の堅忍」と呼んで、これも主イエスにある重大な救いの表現とされました。そしてそれらすべてを包括する救いを言えば、「神の子とされたこと」と言えるのではないでしょうか。「神の子とされている」中には救済の恵みのすべてが限りなく豊かに含まれています。今朝の御言葉は「神の子とされた救い」の中に、神の子であれば「相続者」にされているという事実も含まれて語られているわけです。

約束されたものを相続すると言うと、旧約聖書ではイスラエルの民がカナンの土地を約束され、それが十二氏族に分与され、相続されたことが思い出されます。新約聖書では約束されたものは地上の土地ではありません。そうでなく、神の救いであり、その救いが完成される御国の約束であり、「あらゆるものがキリストのもとに一つにまとめられる」と言われました。その完成された救いを相続すると言うのです。それで14節には「御国を受け継ぐ」という表現になっています。完成された救いを相続することは神の国を継ぐことです。神の子とされた者は、救いの完成を約束され、神の国と神の祝福を相続するというのです。

「相続問題」と言えば、現代では多くの人が自分の重大な将来問題として関心を持っています。将来の問題というと、この先どう生きるかという問題ですが、老後をどう過ごすかとか、将来の年金の問題や介護施設の問題などがすぐ念頭に浮かびます。さらには、死をどう迎えたらよいのかという問題から葬式やお墓の問題、「散骨」の是非なども関心事に挙げられます。この先どう生きるかという問題は、実にいろいろな問題を含んでいて、それらはどの問題をとってもはぐらかしたり、軽視して済ましてよい問題ではないでしょう。しかしキリスト者が「神の子とされたこと」「約束されたものの相続者」であることをまったく忘れて、信仰があってもないかのように、信仰のない場合と同じように考えるとしたら、それでよいかと問われるでしょう。信仰者としての私たちの将来問題は、何よりも先に、約束されたものの「相続者」として語られなければならないし、語るべきであり、語られてよいものです。

信仰による相続があるという話です。神の子とされたものは御国を受け継ぐと言われ、それは「以前からキリストに希望を置いていたわたしたちが、神の栄光をたたえるため」と言われています。

「約束されたものを相続する」とは、完成された救いを受け継ぐことであり、神の国を受け継ぐことです。通常、私たちの死を受け止める信仰者の気構えとして、よくヨブ記の言葉が挙げられます。「わたしは裸で母の胎を出た。裸でそこに帰ろう」とヨブは語りました。「主は与え、主は奪う。主の御名はほめたたえられよ」。まさしく信仰者ヨブの言葉です。ですが、今朝の御言葉は「約束されたものの相続者とされた」と言います。「それは、……神の栄光をたたえるためです」と言われます。

私たちは裸で生まれ、裸で去ります。地上のものは確かに何一つ持たず、何もたずさえていくわけではありません。しかし神の子として相続者にされ、相続するものを神から約束され、与えられています。このことをしっかりと心に刻むべきでしょう。私たちの相続分は御国の中にあって、それは完成された救いであり、神の祝福であり、神の国です。救いの最終的、かつ完全な獲得が、体が贖われることも含んで、約束されています。

そしてこの将来の相続の確かさは、今すでに現在の生活を変えています。もうすでに今、現在、将来の相続が「保証」されているからです。聖霊が、「わたしたちが御国を受け継ぐための保証」（14節）であると言われます。「保証」という言葉は「手付金」という言葉で、将来の相続は将来になって初めて一から手続きされるものではないと言うのです。もうすでに今現在、手付金をいただいています。つまり相続すべき財産にすでに一部あずかって生きているというのです。それが聖霊を受けていることです。聖霊の「保証」によって約束されたものをすでに味わい、経験しているわけです。救いの完成、神の祝福、神の国の予兆を聖霊によってもうすでに経験し始めています。

聖霊によってもうすでに味わい始めていると言われても、あるいはぴんと来ないかもしれません。それで、これまで「わたしたち」と記していた聖書の書き方がここで改められて、「あなたがたも」と言い換えて記されます。そして誰にでも当てはまる信仰の道筋がこう語られます。「あなたがたもまた、キリストにおいて、真理の言葉、救いをもたらす福音を聞き、そして信じて、約束された聖霊で証印を押されたのです」（13節）と。これは誰もが辿る信仰の筋道です。その信仰の筋道の中で聖霊が語られます。誰の場合でも、キリストにあって真理の言葉を聞く、つまり福音を聞きます。そして信じます。信仰は聞くことから始まるというわけです。そして信じて、聖霊で証印を押されたのだと言うのです。「証印」はそれが押されることで、押された者が誰に所属しているか、誰がその人を守っているかを示します。証印はやがて「洗礼」（バプテスマ）を意味するようになりました。信仰、聖霊、洗礼は一連のもので、その人がキリストのもの、キリストに属し、キリストの恵みの力で守られていることを表します。

パウロは「アッバ、父よ」と祈るとき、聖霊に満たされていると言いました。その聖霊が、約束されたものの相続をさらに保証していると言うのです。聖霊は、将来の完全な救いの獲得を「保証」しています。「父よ」と祈るとき、霊によって讃美するとき、聖霊の保証があり、私たちは相続を保証された者らしく、神の子とされて生きていくことができます。

一章15－21節

神をよく知るということ

こういうわけで、わたしも、あなたがたが主イエスを信じ、すべての聖なる者たちを愛していることを聞き、祈りの度に、あなたがたのことを思い起こし、絶えず感謝しています。どうか、わたしたちの主イエス・キリストの神、栄光の源である御父が、あなたがたに知恵と啓示との霊を与え、神を深く知ることができるようにし、心の目を開いてくださるように。そして、神の招きによってどのような希望が与えられているか、聖なる者たちの受け継ぐものがどれほど豊かな栄光に輝いているか悟らせてくださるように。また、わたしたち信仰者に対して絶大な働きをなさる神の力が、どれほど大きなものであるか、悟らせてくださるように。神は、この力をキリストに働かせて、キリストを死者の中から復活させ、天において御自分の右の座に着かせ、すべての支配、権威、勢力、主権の上に置き、今の世ばかりでなく、来るべき世にも唱えられるあらゆる名の上に置かれました。

私たちキリスト者は神を信じているということは、何らかの意味で神を「知っている」ことでもあります。しかしかならずしも神をよく知っているわけではありません。神をよく知り、深く知るなら、信仰生活はもっと違ってきて、もっと本格的になり、もっと信仰の覚悟も決まり、一層生き生きと力を増すのではないでしょうか。

今朝の聖書の箇所はエフェソの信徒への手紙、その冒頭の神讃美に続く箇所です。冒頭の神讃美が3節から14節まで長い一つの文章で記されていることは、すでにお話ししました。その長大な讃美の後、聖書は「使徒の祈り」を伝えます。ということは、手紙はまだ本格的には本文に入っていないことを意味します。しかし冒頭の讃美とそれに次ぐ祈りによって、この手紙の趣旨の重要な部分はすでに語り始められていると言うこともできるでしょう。いったい、パウロは壮大な讃美の後に何を祈るのでしょうか。

祈りは、手紙が宛てられた小アジアの「聖なる者たち」、つまりキリストを信ずる人々のために祈られました。「教会のための祈り」と言ってもよいでしょう。パウロは言います。「こういうわけで、わたしも、あなたがたが主イエスを信じ、すべての聖なる者たちを愛していることを聞き、祈りの度に、あなたがたのことを思い起こし、絶えず感謝しています」。使徒パウロの祈りが何に関心を持っているか、一目瞭然です。主イエスを信じていること、そしてすべての聖なる者を愛していることです。私たちも神を信じるとき、主イエスを信じています。そして聖なる者たち、つまり神がキリストにおいて神の子として選んだ他のキリスト者たちのことを愛のうちに覚えます。教会における相互愛と言ってもよいでしょう。特に「すべての聖なる者たち」と言っていますから、一つの地域の教会の群れに限定されていません。すべてのキリスト者を包む大きな教会の中にあることが語られています。私たちの信仰生活も世界の教会の「すべてのキリスト者に対する愛」の中にあることを覚えなければならないでしょう。キリストに対する信仰とすべての聖なる者たちへの愛にある教会、その教会にパウロは感謝し、厳かな使徒的祈りを献げました。「どうか、わたしたちの主イエス・キリストの神、栄光の源である御父が、あなたがたに知恵と啓示の霊を与え」てくださるように、そしてあなたがたの「心の目を開いてくださるように」と。それがここでの祈りです。「主イエス・キリスト」による「栄光の御父」が、「知恵と啓示の霊」を与えてくださるようにと言います。使徒の祈りは三位一体の神に向けられています。そして「あなたがたが神を深く知ることができるように」と祈るのです。

この手紙が記された一世紀末の教会状況は、決して順調に過ごされたわけではありませんでした。教会の外を言えば、ローマ帝国による迫害が時には起こり、教会はしばしば悲劇的状況の中に置かれました。教会内にも不協和が生じ、信仰のゆるみも見られました。その中で使徒の祈りは、教会が「神をよく知る、神を深く知る」ようにと祈られたのです。

宗教改革者カルヴァンも、彼の時代の中で、「神を知る」ことの意味を語りました。彼は『ジュネーヴ教会信仰問答』を著して、混乱した世界の中で子供たちをどう教育するかという課題に取り組みました。子供たちの教育をどうするかということは、現代でも重大な課題です。私たちの時代も、道徳的な問題や価値観の問題、それに人生の生き方など、かなりの程度混乱した状態があります。その中で子供たちをどう育てたらよいのでしょうか。カルヴァンはそのとき「信仰問答」という古代のキリスト教会が持っていた教育方法を回復させ、問答形式によって信仰を教えました。

一連の問いの第一に彼が掲げたのは、「人生の目的は何ですか」という問いでした。それに続けて彼は「人間の最高の幸せは何ですか」とも問いました。現代もこうした基本的な問題が曖昧になっているのではないでしょうか。人間はいったい何のために生きるのでしょうか。人生に目的と言えるものがあるのでしょうか。それと最高の幸せが結びついているでしょうか。「どう生きようと勝手です」というのでは、子供を危険の中に放置するだけです。教会はこれらの課題にどう取り組むことができるでしょうか。カルヴァンは「人生の目的は何か」という問いに子供たちを導いて、その答えとして「神を知ることです」と教えました。そして「人間の最高の幸せは何ですか」という問いにも、それも同じです、つまり神を知ることが最高の幸せなのですと教えました。神を知ることが人生を支える支柱になります。そしてそれが、最高の幸せの土台です。神を知ることを欠いて人は幸せになることはできません。

このことは時代を遡って、エフェソの信徒への手紙の中で使徒が教会のために祈った祈りの内容と同じです。神が「知恵と啓示の霊」を与え「神を深く知ることができるように」と、パウロは祈ったのです。

神を知ること、神をよく知り、深く知ることが、なぜ人生を支えるのでしょうか。「神を知る」とは、頭脳だけで知ることではありません。哲学的な知識を持つことでも、科学的な知識を増やすことでもありません。すべての知識や経験の根本に「知恵と啓示の霊」によって「心の目が開かれ」「神を深く知る」ことがなければ、すべては暗闇の中での暗中模索になります。「神を知る」こととかすかに似ている例を挙げれば、子が母を知る場合ではないでしょうか。緊密な愛と信頼の交わりの中で母を知ることは、子供に生きる確かさと喜びを与えるでしょう。置かれた環境がどんなに厳しくとも母を知り、愛されている確信を持ったなら、子供はかなりの程度堪え抜く力を持ち、幸いに生きることができます。この意味で、神をよく知ることは、生きる力なのです。

神をよく知るにはどうしたらよいでしょう。神がいるかいないかを知るのも大切でしょうが、しかし神がいると知る程度では、よく知ったことにはなりません。どのような神かを知らなければなりません。それには神の救いの豊かさと救いの力を知らなければならないでしょう。それが18節と19節に記されます。パウロは「どれほど」という言葉を三度使って、それを表現しています。まず、神の招きによって「どのような希望」が与えられているかと言うのです。それに次いで二度目の「どれほど」は、「聖なる者たちの受け継ぐものがどれほど豊かな栄光に輝いているか」と言います。受け継ぐもの、相続するものがどれほどか。それは、神の国のことを言い、そこでの究極的な救いの確かさを語っています。神をよく知ることは、ですから、その賜物の素晴らしさを知ること、大きな希望をもって神の国の究極的救いを確信することです。そういう仕方で神をよく知ります。そしてさらに三度目の「どれほど」として、「神の力がどれほど大きなものか」を悟らされると続きます。「わたしたち信仰者に対して絶大な働きをなさる神の力」がどれほどかというのです。これを知らなくては、神をよく知っていることにはなりません。素晴らしい希望、栄光に輝く究極的な救い、そして「絶大な働きをなさる神の力」、それらを「啓示の霊」によって知ると言います。「啓示」はイエス・キリストの出来事のことです。絶大な働きをなさる神の力は、イエス・キリストの出来事の中に啓示されています。

イエス・キリストの啓示の出来事として、ここでは特に神がキリストを死者の中から復活させ、天において御自分の右の座に着かせたこと、つまり復活と昇天の出来事が語られます。この出来事の中にすべての権威や勢力を超えた神の力、絶大な働きをなす神の力が示されていると言うのです。神をよく知るのは、キリストの復活から神の絶大な働きの力を知ることで、この神の力を確信したときに、信仰生活は変わってきます。

使徒言行録一六章にフィリピの牢獄の看守が家族と共に神を信じる者とされた話が出てきます。大きな地震に襲われ、囚人たちが皆逃げたと思い込み、看守は自殺しようとしました。しかしパウロたちが、自分たちはここにいる、自殺してはいけないと言ったとき、看守は震えながらパウロたちの前に平伏して、「救われるためにはどうすべきでしょうか」と問うたと言います。「主イエスを信じなさい。そうすれば、あなたも家族も救われます」と言われ、地震の起きたその真夜中にパウロとシラスの打ち傷を洗ってやり、自分と家族は洗礼を受けたと言われます。

この話の最後は「神を信じる者になったことを家族ともども喜んだ」と結ばれます。神を知ることは喜びになります。神をよく知ることは、私たちを大きな希望に生かす神を知ること、また、受け継ぐべきものがどれほど豊かな栄光に輝いているかを知ること、そして絶大な働きをなさる神の力を確信することです。神をよく知ることで、私たちは神を信じる喜びを確かにすることができるでしょう。神を知ることの中に人生の目的と最高の幸いがあると言われるのは、まことにそのとおりであると言わなければなりません。

一章20－23節

絶大な力の神

神は、この力をキリストに働かせて、キリストを死者の中から復活させ、天においで御自分の右の座に着かせ、すべての支配、権威、勢力、主権の上に置き、今の世ばかりでなく、来るべき世にも唱えられるあらゆる名の上に置かれました。神はまた、すべてのものをキリストの足もとに従わせ、キリストをすべてのものの上にある頭として教会にお与えになりました。教会はキリストの体であり、すべてにおいてすべてを満たしている方の満ちておられる場です。

キリスト教信仰は、「全能の神」を信じます。使徒信条に「われは天地の造り主、全能の父なる神を信ず」と告白しているとおりです。神がオールマイティ（almighty）な神であることを信じて、私たちは信仰生活を送っています。もし、神が「力あるお方」と信じられなくなって、神はおられるとしても、無力な神ではないかと感じるようになったら、信仰生活は低調になるほかはないでしょう。エフェソの信徒への手紙の今朝の箇所は、神の力がどれほど大きく、その働きが「絶大な働き」であるかを語っています。その信仰があるとき、信仰生活は生き生きとした力強いものになるでしょう。

今年は九月、一〇月と日本列島は台風や大雨に襲われました。その被害は甚大で、千葉県や福島県では、いまだにその打撃から脱け出せていないと言われています。私たちは、時折、大きな破壊的な力に襲われる経験をします。自然災害はその一つですが、ほかにもいろいろな形を取って、禍が人生を襲います。しかしそれにもかかわらず、それらに抗して、神に絶大な力があります。それを信じて信仰者は力を得ます。私たちのことを言えば、私たち自身は言うまでもなく無力です。しかし神が、私たちに「絶大な働き」をなさる、その力がいかに大きいかを信じて、どんな禍にも屈しない信仰が生きられるわけです。

今朝の御言葉は、神の絶大な力の証拠として、「神はその力をキリストに働かせて、キリストを死者の中から復活させて、その復活したキリストを天において御自分の右の座に着かせました」と語っています。神の大きな力は、一つには、神がキリストを死者の中から復活させた出来事の中に示されていると言うのです。キリストの復活は、神が死の支配を打ち破ったことを表しています。死があらゆるものを呑み込む破壊力を持っているとしても、キリストの復活は神がなおそれ以上の力をもってその死に打ち勝ったことを示します。

しかしエフェソの信徒への手紙は、復活だけを語っているわけではありません。そうでなく、復活と共に、キリストの昇天のことを語ります。神は、キリストを死者の中から復活させたと共に、その復活者キリストを天に引き上げ、御自分の右の座にお着かせになりました。そこに神の絶大な力が示されていると言うのです。そして、キリストが神の右の座に着かれたことは、すべての支配、権威、勢力、主権の上に置かれたことで、あらゆる名の上に置かれたことだとも言います。

ここに「支配、権威、勢力、主権」と四つの言葉が使用されます。これらの言葉は、この世で猛威を奮う禍の力を意味し、私たちの人生に襲いかかるさまざまな禍の原因を意味しています。聖書は、世と人生のさまざまな禍の根本に、悪魔的な「支配、権威、勢力、主権」があると語っているわけです。政治にも経済にも、したがって国際政治にも、そしてまた個人個人の人生にも、禍はあるでしょう。科学はこの世にある禍を科学的に分析し、説明しようとします。しかし科学的説明では、実際起きた現象の表面をある程度詳細に説明することはできても、何がその禍を引き起こした原因なのか、いったいなぜその禍が起きたのかは、依然として謎のままではないでしょうか。

聖書は科学と違う見方をしています。科学が見抜こうとしない禍や悪の根本にある「支配、権威、勢力、主権」を問題にします。そしてその禍の原因、その力、その勢力を指差しながら、それを決して絶大な力とは見なしません。絶大な力はただ神お一人にあるからです。そして神は、その絶大な力を意味する御自分の右の座にキリストを着かせました。主イエス・キリストこそが、あらゆる禍の原因や諸力の上にある方であって、あらゆる支配、権威、勢力、主権はキリストに服していると語られています。「神は、すべてのものをキリストの足もとに従わせた」と聖書は言うのです。

「すべてのものがキリストの足もとに従う」。それが「イエス・キリストは主である」という意味です。イエス・キリストは十字架にかかって死なれ、そして死者の中から復活させられました。それは、パウロが語ったように、生ける者と死ねる者の主となられるためだったのです。神の絶大な力は、神がキリストを復活させたこと、そして神がそのキリストを神の右の座に着かせ、すべてのものの上にある「頭」とされたことに示されています。イエス・キリストこそが生ける者と死ねる者の「主」であり、万物の「頭」です。そう信じることは、神の絶大な力を信じることと一緒です。

禍はなお私たちの人生や社会を襲います。災害にあって、何日も電気が通じないといった経験は、文明から切断されたようなもので、どんなに不安なことかと思わさせられます。私たちはまた国と国との関係がどんどん悪化していく経験もしています。人間がいかに愚かかということでもあるでしょう。

しかし神は全能です。私たちのために十字架にかかって命を捨てられた御子を、神は死人の中から復活させ、御自分の右の座に着かせ、勝利の主として万物の頭になさいました。そしてそのキリストを、神は、教会に頭としてお与えになりました。私たちの主イエス・キリストは、勝利の主であり、万物を足もとに従わせ、万物の頭でいらっしゃいます。今朝の御言葉が伝えている信仰は、キリストがあらゆる支配、権威、勢力、主権の上にあり、すべてのものを従わせておられる主であるという信仰、その中に神の絶大な力が示されているという信仰です。

説教を準備するとき、勝手な解釈に陥らないように、聖書の注解に目をとおそうとします。またその聖書箇所をめぐって黙想、メディテーションを試みたものがあれば、それにも目を通すこともあります。今朝の御言葉のある黙想の中に「教会の小羊は、ライオンである」という文章がありました。イエス・キリストは私たちの罪を負って屠られた神の「小羊」です。しかしエフェソの信徒への手紙は、今朝の箇所で、その屠られた小羊が「ライオン」であると記しているというのです。イエス・キリストは私たちの主であり、万物をその足もとに従える方、そして教会の頭です。そのことを、その黙想者は「ライオン」と表現しました。

主イエスが小羊であることは、ヨハネによる福音書に伝えられた洗礼者ヨハネの「見よ、世の罪を取り除く神の小羊」(ヨハ一29)という言葉に明らかです。しかし贖いの小羊であるキリストが「ライオン」であると語った聖書箇所も確かにあるのです。それはヨハネの黙示録です。ヨハネの黙示録はエフェソの信徒への手紙とほぼ同じ時代、同じ信仰の試練の中で記されました。その中に「見よ、ユダ族から出た獅子、ダビデのひこばえが勝利を得た」(黙五5)と記されています。ユダ族から出たライオンが勝利を得た。それが主イエス・キリストです。それで「屠られた小羊は、力、富、知恵、威力、誉れ、栄光、そして讃美を受けるにふさわしい方」(黙五12)と言われます。

神がこのキリストを教会に「頭」として与えてくださいました。キリストは「すべてのものの上にある頭」ですが、その方が特別に教会に「頭」として与えられました。キリストが「教会の頭」なので、教会は「キリストの体」と言われます。「教会はキリストの体」という表現はよく知られているでしょう。教会がキリストの体であるのは、イエス・キリストが弟子たちを愛し、弟子たちを御自分の体と一体のものと見なしたことによります。主は教会の群れが迫害されたとき、その迫害を御自分に対する迫害として受け止めました。それと共に、キリストは万物の頭ですが、そのキリストが教会の頭として教会に与えられました。それで教会はその頭の体であると言われます。キリストは、すべてのものを足もとに従わせておられる頭であり、頭として教会に与えられています。

これによって教会の生き方ははっきりしたと言えるのではないでしょうか。キリストが「頭」であれば、当然その体である教会は、頭であるキリストに従います。キリストが頭ですから、その頭の御意志、御計画、その知恵、その愛が、教会に行き渡ります。キリストが教会に行き渡れば、教会はキリストによって満たされた教会になります。それがキリストの体である教会です。そして私たちの頭であるキリストこそは、万物の頭であると証しするでしょう。そのとき教会は、神の力がどれほど大きなものであるかを証ししているのです。

二章1－6節

キリスト者の以前と今

さて、あなたがたは、以前は自分の過ちと罪のために死んでいたのです。この世を支配する者、かの空中に勢力を持つ者、すなわち、不従順な者たちの内に今も働く霊に従い、過ちと罪を犯して歩んでいました。わたしたちも皆、こういう者たちの中にいて、以前は肉の欲望の赴くままに生活し、肉や心の欲するままに行動していたのであり、ほかの人々と同じように、生まれながら神の怒りを受けるべき者でした。しかし、憐れみ豊かな神は、わたしたちをこの上なく愛してくださり、その愛によって、罪のために死んでいたわたしたちをキリストと共に生かし、――あなたがたの救われたのは恵みによるのです――キリスト・イエスによって共に復活させ、共に天の王座に着かせてくださいました。

人間は自分で自分を変えることができるでしょうか。自分を変えられなくて、悩んでいる人は多くいるのではないでしょうか。自分を変え自分の人生を変えることはそう容易なことではありません。しかし、自分の人生が決して変わらないとしたら、いま苦しんでいる人に救いがあるでしょうか。

聖書は、人間が自分自身や自分の人生を容易に変えられるとは考えていません。人間が救われるのは、自分の人生を自分で変えることによってではありません。今朝の聖書は、「あなたがたは、以前は自分の過ちと罪のために死んでいたのです」と語ります。自分の過ちや罪によって死んだ状態であったら、死んだ人間が自分で自分を、また自分の人生を変えることはできないでしょう。そのうえ聖書によれば、人間は「この世を支配する者」「かの空中に勢力を持つ者」の支配下にあるとも見られています。「不従順な者たちの内に今も働く霊」があって、人間はその悪しき霊の力に支配され、押さえつけられた状態にあると言うのです。わたしたちは皆そうだったのです。ですから「肉の欲望」のままに生きて「神の怒り」を受けるべき者だったとも言われています。

それでは救いはないのでしょうか。「しかし」とあります。4節に言われる「しかし」は言葉としてはごく小さな言葉に過ぎません。ですがこの「しかし」があって、人生に大転換が起こされたと聖書は語ります。「しかし、憐れみ豊かな神は、わたしたちをこの上なく愛してくださり、その愛によって、罪に死んでいたわたしたちをキリストと共に生かし」てくださったと言うのです。

ですから人間は変えられるわけです。自分では変えることができず、過ちと罪とで死んだ状態であり、不従順な者たちの内に働く邪悪な霊によって支配され、肉の欲望に従わされていました。しかし人間は変えられます。自分で自分を変えることができなくても、神の憐れみの中で人間は変えられます。人間同士の憐れみでは、過ちや罪の支配、邪悪な霊の抑圧を打ち砕くことはできないでしょう。しかし憐れみ豊かな神が、「この上なく愛してくださり」と言われます。「この上なく」というのは「この上なく大きな愛によって」ということです。イエス・キリストとその出来事に働く神の大きな愛、何ものも私たちをそこから引き離すことができないとパウロが語った神の大きな愛があります。その偉大な愛によって、神は私たちを死んだ状態から生きた者へと変えてくださいました。

死んだ状態の人間に、神の大きな愛によって一大転換が起きたのです。これがキリスト教のメッセージです。この一大転換によって、罪に支配されていた人間の「以前」と、神の愛に生かされている「今」の違いが生じました。以前は死んでいました。しかし今は生きています。生かされています。

神の憐れみ深い愛によって生かされていることを、聖書は「共に」という共通の語を含む「三つの言葉」でさらに語ります。三つの言葉の第一は、「共に生かす」です。「罪のために死んでいたわたしたちをキリストと共に生かし」(5節)と言います。救われたということは、自分一人で生きていることではありません。自分一人で生きたとして、どうして生きるに値する人生になるでしょうか。そうでなく「キリストと共に生かされる」のです。まずキリストが生きておられ、そのキリストと共に私たちも生かされます。それが救いに入れられた人生です。

過ちと罪で死んでいた者、肉の欲望に従って生きることしか知らなかった者が、キリストと共に生かされる者にされました。キリストに贖われて、贖いの主であるキリストと共に生きる者にされました。そうしてくださった中に神の深い憐れみと大きな愛が示されています。

神の愛によるもう一つの「共に」の言葉は、「キリスト・イエスにあって共に復活させてくださった」（6節）です。復活させられるのは、通常、終わりの日のことと考えられます。終わりの日に死人の復活が起きると約束されています。しかしエフェソの信徒への手紙は、その終わりの日に起きる復活は、キリスト・イエスにあって共に生かされる中で、今すでに起きていると語ります。すでに今の事態として、キリストと共に復活の命にあずかっていると言うのです。将来の復活がないと言っているのではありません。そうでなく、今すでにキリストと共に復活させられていることで、やがて来る終わりの時の復活にあずかり始めているというのです。

神の偉大な愛によって変えられた人生として、第三に語られる「共に」を含む言葉は、驚くべき言葉です。こういうことが聖書に語られているのを私はこれまで真剣に受け取ってきませんでした。第一にあったのは「キリストと共に生かしてくださった」でした。これは分かると思います。理解できないことではないでしょう。主イエス・キリストが生ける主であると信じる者は、「キリストと共に生かされ」ます。第二は「キリストと共に復活させてくださった」です。将来のことと思っていた復活の命は、ただ将来のことだけでなく、もうすでに復活のキリストと共に始まっています。このことも決して分からないことではないでしょう。特に「キリスト・イエスによって」とあるのに注意をしますと、この「キリスト・イエスによって」とあるのは「キリスト・イエスにおいて」（エン・クリストー）です。具体的に洗礼を意味している言い方です。洗礼によってキリストに結ばれたとき、罪によって死んでいた者がキリストの十字架の中に入れられ、キリストと共に死に、そしてキリストと共に生かされ、キリストによって贖われた命に生かされたのです。洗礼によってキリストに結ばれたとき、生ける復活のキリストに結ばれたのであり、キリストと共に復活させられました。それが私たちの人生を変え、生かしているというのです。

私は洗礼を受けて六二年になります。洗礼を受けて、お前は変わったかと問われれば、洗礼を受けた当日には何の変化も感じませんでした。深い意味で変化があったのですが、私には分かりませんでした。私の経験で言いますと、その前日と比べて何の変化も感じなかったからです。洗礼を受けて熱い喜びに打たれた人もおりますが、私はそうではありませんでした。その次の日も同様でした。しかし今思いますと、洗礼を受けたことで、私の人生はまったく変えられたと思います。あのとき洗礼を受けず、その後もずっと洗礼と無関係なものとして生きてきたら、どうなっていたか分かりません。分かることは、イエス・キリストを知らず、神を知らず、神の大きな愛を知らず、礼拝生活も祈りも知らなかったでしょう。神の召しも知らず、それゆえ人生の使命も知らず、希望も持たず、肉の欲望以外に何もなく、キリストと共に復活の命に生かされることはなかったでしょう。洗礼によってキリストと共に生かされ、すべては変わりました。今日あるのは神の恵みと言うほかはありません。

そして第三です。私自身、今までしっかりと受け止めてこなかった第三の「共に」は、「キリストと共に天の王座に着かせてくださいました」というのです。「キリストと共に天の王座に着かせてくださった」。これはエフェソの信徒への手紙特有の表現ではないでしょうか。キリストに結ばれ、キリストと共に生かされ、死から命へ移されたことは、他の聖書箇所にも記されています。洗礼がゴルゴタのイエスの十字架の死にあずかると共に、その主の復活の命にあずかることも、説教の中で幾度も語られ、聞かれてきたでしょう。それによってこれまでの過ちや罪からの解放があることも語られてきたと思います。

しかし、この第三の「共に」はどうでしょう。キリスト者として生かされている者は、キリストと共に生かされ、キリストと共に復活させられ、それゆえにキリスト・イエスにあって「共に天の王座に着かせていただいている」というのです。これは驚くべきことではないでしょうか。これ以上のことのない偉大なことではないかと思います。「神の子とされた」のは、こういうことであったのかと思わされます。

そうであれば、この世を支配するどんな邪悪な霊があったとしても問題にはならないでしょう。空中に勢力を持つ者、不従順な者たちの内に今も働く霊があっても、何も脅かされたり、不安にされたり、それに屈したりすることはないでしょう。キリストにあって「天に本国がある」と聞かされてきました。それは、「キリスト・イエスにあって共に天の王座に着かせていただいている」ことなのです。

キリストは万物の頭、世界の王です。その王なるキリストの勝利に、私たちは共にあずかっているということでしょう。キリストと共に生かされる恵みの中には、キリストの勝利にあずかり、キリストの王的支配にあずかることが含まれています。「共に天の王座に着かせていただいている」と言われるとおりです。謙遜に、しかし確信をもって、この御言葉を受け入れ、この言葉によって、希望を持って生きていきたいと思います。

二章7－10節

救いに入れられたのは何のためか

こうして、神は、キリスト・イエスにおいてわたしたちにお示しになった慈しみにより、その限りなく豊かな恵みを、来るべき世に現そうとされたのです。事実、あなたがたは、恵みにより、信仰によって救われました。このことは、自らの力によるのではなく、神の賜物です。行いによるのではありません。それは、だれも誇ることがないためなのです。なぜなら、わたしたちは神に造られたものであり、しかも、神が前もって準備してくださった善い業のために、キリスト・イエスにおいて造られたからです。わたしたちは、その善い業を行って歩むのです。

キリスト教信仰における「救い」とは何でしょうか。私たちは今朝、キリスト者として礼拝に集められました。キリスト者とは、洗礼によってイエス・キリストに属する者とされ、それによって神の子とされた人のことです。そしてそれがすでに救いに入れられていることでもあります。私たち自身は、自分の生活を振り返って、これでも救われていると言えるのだろうかと思うときがあるかもしれません。いろいろなことに悩み、迷い、失敗し、つらい日々を過ごすこともあります。将来の不安も決してないわけではありません。それでも救われていると言えるのでしょうか。

今朝の聖書の御言葉は、「あなたがたは救われました」と言い切っています。8節には、「事実、あなたがたは、恵みにより、信仰によって救われました。このことは、自らの力によるのではなく、神の賜物です」とあります。「恵みにより」というのは、神の憐れみ、神の慈しみによることです。神の慈しみによって恵みを与えられ、恵みによって救いが賜物として与えられました。恵みには、それがどれほどの価値があると言って値段をつけることはできません。つければ、それは莫大な値段で、しかもそれを遥かに超えていると言わなければならないでしょう。しかし恵みは無償で、何の見返りも求めません。その意味では恵みは全く「ただ」です。膨大な価値のあるものが、それにもかかわらずまったくただで与えられました。だから「恵み」というほかないのです。キリスト・イエスにおける神の恵みは、独り子の犠牲によるのであり、何よりも高価な恵みであって、値段のつけようがありません。救いはこの恵みにより、高価な贈り物として与えられました。それで、私たちが救われたのは、自分によってではない、自らの力でも、働きによるのでもないと言います。救いはただ、神が憐れみによって差し出してくださった賜物で、それをただ受け取る以外にないのです。「どうぞ」と差し出され、ただ「ありがとう」と受け取ります。「どうぞ」が神の恵みであり、「ありがとう」が信仰と言ってもよいでしょう。「あなたがたは、恵みにより、信仰によって救われました」と言われるとおりです。

「どうぞ」と神から差し出された恵みの中身は、御子の贖いによって新しく生かされる命でした。それで、キリスト者の人生には以前と今の違いが生じます。以前は、自分は死んでいました。自分の過ちと罪のために死んでいたとしか言いようがありません。しかし今は生かされています。「救い」は、ですから、今、新しく生かされていることです。キリスト・イエスにあって、キリスト・イエスと共に生かされていること、それが救いです。

キリスト・イエスと「共に」生かされているというのは、キリストと共に復活させられ、キリストと共に天の王座に着かされていることと、前回の箇所で学びました。今朝の御言葉はそれを受けて、その救いはいったい何のためかと言うのです。主キリスト・イエスと共に生かされる救い、そこに私たちは何のために入れられたのでしょうか。

それはまず誇るためではないと言われます。自分の力によって救いに入ったのならまだしも、キリストと共に生かされる救いは自分の力によるものではありません。ですから誇ろうにも誇れないわけです。キリストと共に生かされる救いは、「キリスト・イエスにあって」であり、「キリスト・イエスにあって」とは洗礼を意味します。それによって新しく創造されました。そのために活動しているのは私たちではなく、神です。「あなたがた自身からではない」と言われ、「行いによるのではありません」と重ねて言われます。救いは恵みの神の働きです。それで「わたしたちは神に造られたもの」（10節）と言われます。「神の作品」という言葉です。

神の見事な技量によって作られた作品だというのです。それではいったい、何のための作品でしょうか。

救いに入れられることは、信仰の最後の話ではありません。むしろ信仰の最初の話です。救いによって信仰生活は始まります。それではまだ終わりに達していません。救いがキリストと共に生かされる命であるということは、主の名によるバプテスマによって起きます。バプテスマによってキリストの十字架の死の中に入れられ、そしてキリストと共に命に生かされます。それが救いであれば、救いはキリスト者のスタート地点でしょう。信仰生活は救われたところから出発すると言ってよいわけです。救いに入れられることで、信仰生活の歩みが始まりました。その救われた生活は、いったい、何のためであり、どう生きられるのでしょうか。救いに入れられたのは、キリストと共なる命に生かされたのです。それならそれは、どういう歩みになるのでしょうか。聖書の御言葉は「神が前もって準備してくださった善い業のため、キリスト・イエスにおいて造られた」と言います。そして重ねて、「わたしたちは、その善い業を行って歩むのです」と言われます。

私たちは何のために救われたのか。今朝の御言葉が告げる回答は明らかです。それは「善い業のため」です。意外な回答と思われるかもしれません。何も善行を行うことで救われたのではないというのですから、信仰生活にとって善い業など金輪際、問題にならないのではないでしょうか。しかし聖書はそう語っていません。逆に、「私たちが善い業の中を歩むために、神は私たちをキリスト・イエスにあって新しく創造された」と言います。

信仰生活の目標は、意外にも、善い業の中を歩むことと言われます。「善い業」とは何でしょうか。具体的なことはここには何も記されていません。二章1節には、「以前は自分の過ちと罪のために死んでいた」とあり、3節には「以前は肉の欲望の赴くままに生活し、肉や心の欲するままに行動していた」とあります。そのうえで救われたのは「善い業」のためと言うなら、それは過ちや罪の業でなく、また肉の欲望や心の欲するままとは異なることは明らかでしょう。その歩みは肉でなく、霊の思いに従い、霊の実を結ぶ歩みでしょう。

パウロはフィリピの信徒への手紙の中で、「あなたがたの中で善い業を始められた方が、キリスト・イエスの日までに、その業を成し遂げてくださると、わたしは確信しています」（フィリ一6）と記しています。今朝の御言葉は、善い業は「神が準備してくださった」と言っています。私たちがなすべきその善い業は、ですから、本来、神の業と言ってもよいでしょう。

パウロは当時、飢饉に襲われたエルサレムの教会、その貧しい教会を助けるために献金をささげることを善い業と記したこともあります。ここでは善い業として、倫理的に善なる行為とか、慈善の業とか、あるいは具体的に何か特定の行為が言われているわけではありません。ただ神が準備した善い業があると言い、その善い業に歩むために私たちは救いに入れられたと記されています。いずれにせよ、善い業に歩む活動的なキリスト者のありようが語られていることは確かなことです。

私たちは自分の行いで救われたわけではありません。救われたのは神の働きによってです。恵みを受け、賜物を受ける信仰は、受け身の信仰と言うこともできるでしょう。しかしそこから善い業への行動が生まれ、活動的な生活が始まります。今朝の御言葉は、キリスト・イエスにあって、つまり洗礼が行われているその場での御言葉とも受け取れます。救われたのは行いによるのではない、恵みにより、神によって新しく創造されたと強調されました。しかしそうされたのは、神が前もって準備した善い業のためと言い、救われた生活はその善い業の中を歩むことだと言います。神の恵みはまさしく人間の善い業の起源、善い業の発祥地なのです。

そうすると教会は、善い業の活動拠点とも言えるのではないでしょうか。キリスト教信仰は行動的だと言うべきかもしれません。私たちのこれまで持っていたイメージとは違うかもしれません。もし違っているなら、私たちのこれまでのイメージを修正しなければならないでしょう。神は私たちを「善い業のために、キリスト・イエスにおいて造られたからです。わたしたちは、その善い業を行って歩むのです」（10節）とあるとおりです。この言葉の方を修正し、改竄することはできないことです。

ですが、それなら今、病んでいる人はどうなるのでしょうか。重き荷を負いながら生きている人はどうなりますか。どう善い業をすることができるのでしょうか。救われた人は、誰でも皆、善い業をすることができるのでしょうか。そうだと思います。聖書は救われた人は皆、善い業のために造られ、その善い業を行って歩むと例外なしに言っているからです。

詩人のジョン・ミルトンの有名な詩を思い起こします。ミルトンはピューリタン革命の闘士でした。クロムウェルを支え、クロムウェルと共にピューリタン革命を指導した人です。しかしその彼が、革命の末期、ピューリタン革命が挫折していく中で、突如、両眼失明に陥りました。そのとき彼は「失明について」というよく知られたソネット（短詩）を記しました。その中で、突如両眼失明に陥った人がどう善い業をなし得るかを記しました。そこには極めて活動的なピューリタン信仰が、決して律法主義的な行動主義でなく、深い慰めの信仰に支えられていたことが歌われています。

「生涯の半ばならずして、わたしの視力が使い果たされて、この世界は暗く広いと思うとき」という書き出しから始まります。重い荷を突如負わされた人にとって世界は「暗く」、そして「広い」と言うのです。『視力は絶たれても、神は日々の労役を強い給うか』と愚かしくもわたしはたずねる」。「忍苦」は直ちに答える。信仰に与えられた忍耐が答えると言うのです。「神が必要とし給うのは、人の働きでもその天分でもない。神の軽いくびきに最もよく耐えるものが、最もよく神に仕える。神稜《みいつ》は王者の如し。何千という天使が休みなく、神の命ずるままに、陸《おか》と海の上をかけまわる。だが、ただ立って待つものも、また神に仕える」。

善い業は、神に仕える業と解釈されます。突然の両眼失明の中で、「神の軽いくびきに最もよく耐える」とミルトンは言いました。そして「ただ立って待つものも、また神に仕える」と記しました。この意味で、教会は善い業の発祥地であり、善い業の活動拠点です。「キリストにある」ことが、善い業に歩むキリスト者を、試練の中でも支えます。何をすることもできないと思うときにも、キリストにあって人生の重荷を「神の軽いくびき」として「最もよく耐える」。そしてキリストにあって「ただ立って待つこと」ができる。それもまた神に仕えることと確信できます。

「キリストにある」ことが、善い業の真の拠点です。それが試練の中での砦です。私たちもキリストにあって善い業の中を歩みます。善い業の中を前進できないと思うときには、キリストにあってただ立って待つ。それもまた善い業として神に仕えると信じようではありませんか。その善い業のために私たちは救いに入れられたのです。

イエス・キリストをいつも思っている信仰

二章11―13節

だから、心に留めておきなさい。あなたがたは以前には肉によれば異邦人であり、いわゆる手による割礼を身に受けている人々からは、割礼のない者と呼ばれていました。また、そのころは、キリストとかかわりなく、イスラエルの民に属さず、約束を含む契約と関係なく、この世の中で希望を持たず、神を知らずに生きていました。しかしあなたがたは、以前は遠く離れていたが、今や、キリスト・イエスにおいて、キリストの血によって近い者となったのです。

私たちは信仰を与えられて、今朝も礼拝に集められました。また信仰を求めて教会に来ている方もおられるでしょう。信仰とはいったい何でしょうか。信仰にはいろいろな表現があります。今朝の聖書箇所に、「だから、心に留めておきなさい」とあります。ここでは「心に留める」という言葉で信仰を語っているわけです。

「心に留める」というのは、「記憶する」と同じ言葉です。以前の口語訳聖書ではこの箇所は、「だから、記憶しておきなさい」と訳されていました。信仰には、記憶し、心に留め、いつも思っていることがあるわけです。記憶と言うと、過去のことになりますが、「いつも思っている」と言えば、ただ過ぎ去った過去のことでなく、いつも今、現在のこととして思っているということでしょう。記憶された過去のことが思い起こされて今に現在化しており、それが生きとした今の力を発揮しています。そういう思い起こしや現在化が信仰には含まれているわけです。

信仰によってイエス・キリストを心に留め、思い起こすとき、イエス・キリストがただ過去の方としておられただけでなく、今現在、復活のキリスト、生ける方として、共におられることが心に覚えられます。信仰の想起の中で、主イエス・キリストは共におられる方として今、現在化しておられると信じますと、今朝の御言葉の言うところが一層分かるのではないでしょうか。

今やあなたがたは「遠く離れた者」でなく「キリストの血によって近い者となった」と言われます。この事態は私たちが自分で近い者になったのではありません。キリスト・イエスにあって、その血によって、私たちは近い者にされました。そういうことが今、現実のキリスト・イエスにあって引き起こされていると言うのです。

信仰の思い起こしは、その中でキリストが働いてくださるので、礼拝の経験と重なるでしょう。礼拝は信仰によって礼拝になるのですが、信仰の方も礼拝によって起こされ、支えられます。礼拝の中で、イエス・キリストの記憶がよみがえらされ、それと共にイエス・キリストが今、現在、力を発揮してくださるのが分かります。13節に言われる「今や」と言う時になります。「今や、キリスト・イエスにおいて、キリストの血によって近い者となった」。この「今や」は、信仰の今であり、礼拝の今です。キリスト・イエスが生きて働く今です。

こうして信仰の中、具体的には礼拝の中で、変化が起きます。以前は互いに疎遠であった者同士が、キリストにあって親密な者同士になるということでしょうか。それもあるでしょう。しかしここで根本に言われているのは、遠く離れていたというのは、神から遠く離れていたということです。その人が神に近い者にされました。神から遠く離れていたのは、エフェソの教会の人々自身で、彼らはもともとユダヤ人でなく、イスラエルの民に属さない異邦人でした。「割礼のない者と呼ばれていました」とも記されています。私たちも異邦人でした。それでは「遠く離れていた」のと「近い者となった」というのは、民族の相違のことでしょうか。そうではないでしょう。

「遠く離れていた」あり方を聖書は、五つの表現で語っています。「そのころは、キリストとかかわりがなかった」というのが最初です。いくつかの表現が並べられている場合、ギリシア語の書き方では初めに強調があり、次いで最後に強調があります。「キリストとかかわりがなかった」というのは、キリストから離れて、キリストなしにということです。信仰の思い起こしにより、キリストの現在化に生きることとは真逆です。信仰は「キリスト・イエスにある」ことです。「キリストなしに」はその対極です。神に近いか遠いかの違いの鍵は、キリストにあるか、それともキリストから離れているかです。「キリストにある」ことは、「洗礼」によってキリストの名がその人に刻まれ、キリストのものとされていることです。

「キリストから離れていた」に次いで言われているのは、「イスラエルの民に属していなかった」です。信仰の群れにいなかったということです。それに続いて約束を含む契約と関係がないものだったと言われます。神の契約から除外されていたというのです。そして第四に、「この世の中で希望を持たず」です。聖書によれば、希望なしには本当に生きることになりません。エゼキエル書の中に、預言者エゼキエルが「枯れ骨の谷」を見せられた箇所があります。その骨は、ひどく枯れていたと言われ、それはイスラエルのすべての民のことと言われます。そして民は言います。「我々の骨は枯れた。我々の望みは失せ、我々は滅びる」（エゼ三七11）と。「望みは失せ」、つまり希望がないということが、骨が枯れ、滅びることだと言うのです。それが神から遠い者の姿です。キリストと関わりなく、キリストなしにということがどういうことなのか、それは信仰の群れを持たず、神との約束の契約がなく、希望がないことです。

そしてその最後の締めくくりに、「神を知らずに生きていました」と言われます。しかし「生きる」という言葉はここにはありません。ですから率直に言って、新共同訳聖書のこの箇所の訳は適切ではありません。文字通りに訳した方がよいでしょう。「神なしだった」と言うのです。「この世界で神なしだった」、それが遠くにある状態でした。キリストから遠く離れるとは、神の民の共同体から離反し、約束された契約の外に置かれ、希望がなく、要するに神なきものだったのです。単に民族的な問題ではありません。神なしの人間の罪の状態が語られているのです。

そこから解き放たれ、神に近い者とされたのは、キリスト・イエスにあって、何ものによっても引き裂かれない神の愛の中に置かれたことによってです。それを聖書は「キリスト・イエスの血によって」と表現しました。New English Bible は「キリストの血が流されることによって」と訳しています。「今や、信仰の思い起こしの中で、キリスト・イエスにあって、あなたがた、かつて遠くにあった者が、キリスト・イエスの十字架の贖いの血によって、神に近い者、神の愛から決して切り離されない者にされた」と言うのです。

信仰の中で心に留め続け、繰り返し思い起こすこと、そして礼拝の中で起きること、それはキリスト・イエスから離れて、キリスト・イエスと関わりなかった私たち、それゆえ神の群れの外、契約の外で、希望なく、神なしにいた私たちが、キリストの血によって、今や、神に近い者にされた、キリストの贖いの血が、信仰の思い起こしの中で、今日、効力を発揮し、今や近い者、神と親密な者にしてくださった。それで、神の民の中に回復され、約束の契約に入れられ、希望を持つ者とされ、神なき者でなく、もはや何ものによっても神から切り離されることのない仕方で神の愛に入れられています。このことを心に留め、どんなときにも思い起こす。それが信仰です。

神学生時代のことでしたから、もう五〇年以上前のことです。ある日のチャペルの時間に聞いたことが、五〇年後の今も思い出されます。アメリカ改革派教会の宣教師ジョン・ヘッセリンク教授がその日の礼拝説教者でした。この方は後にウェスタン神学大学の学長になった人ですが、その日の礼拝で、第二次世界大戦の話に触れました。イギリスの首都ロンドンは、連日、ナチス・ドイツによる空爆を受けていたという話です。ある日の爆撃で、町の一角の教会堂が大破されました。次の日曜日、廃墟と化した教会堂跡に集まった人々が目にしたのは、そこに建てられた即席の掲示板でした。それには教会の牧師が掲げた短い聖句が、記されていたと言うのです。「ダビデの子孫として生まれ、死人のうちからよみがえったイエス・キリストをいつも思っていなさい。これがわたしの福音である」。テモテへの手紙二、二章8節の御言葉です。「イエス・キリストをいつも思っていなさい」。「いつも思っていなさい」は、今朝のエフェソの信徒への手紙二章11節、「だから、心に留めておきなさい」と同じです。信仰は、死人のうちから甦り、今日も共におられる生けるキリストを心に留め、いつも思っていることです。そのとき、キリストは私たちに現在化し、その血を流し、それによって私たちを変え、私たちを神に近く生きる者にしてくださいます。

私たちは、今日、第二次世界大戦の爆撃の中にいるわけではありません。しかし私たちにもいろいろな試練や患難が襲い、いわば被弾して傷つくことがしばしばあります。伝道する教会は常に戦いの教会としてあるのです。エフェソの教会も試練に遭っていました。途方に暮れて、「この世で希望もなく神もないもの」に逆戻りしそうなときもあったのではないでしょうか。

私たちも同じです。しかし今朝の聖書は、私たちが傷ついた状態にあるとき、そこに神が掲げてくださった一枚の掲示板を記しています。そこには「だから、心に留めておきなさい」とあります。そして「あなたがたは、今や、キリスト・イエスにおいて、キリストの血によって近い者となったのです」とあります。主イエス・キリストが今、このことをしてくださっています。それで、神にごく近い者にされ、何ものによっても神から引き離されない者にされたのです。それゆえ神の民の群れに属し、約束の契約の中に入れられ、希望を持ち、神のものとして生きるようにされました。神が掲げるこの掲示板に「アーメン」と答えて、新しい一週間を歩んでいきたいと思います。

二章14－18節

キリストこそわれらの平和

実に、キリストはわたしたちの平和であります。二つのものを一つにし、御自分の肉において敵意という隔ての壁を取り壊し、規則と戒律ずくめの律法を廃棄されました。こうしてキリストは、双方を御自分において一人の新しい人に造り上げて平和を実現し、十字架を通して、両者を一つの体として神と和解させ、十字架によって敵意を滅ぼされました。キリストはおいでになり、遠く離れているあなたがたにも、また、近くにいる人々にも、平和の福音を告げ知らせられました。それで、このキリストによってわたしたち両方の者が一つの霊に結ばれて、御父に近づくことができるのです。

人類の大きな問題に「ユダヤ人問題」があります。古代教会では、ユダヤ人と異邦人の対立が大きな問題をなしていました。エルサレムの原始教会は、初めユダヤ人キリスト者が大半で、その中にギリシア語を話す当時の国際人、ヘレニスト・ユダヤ人のキリスト者たちが加えられました。この人たちが異邦人伝道の担い手になり、教会は次第に多くの異邦人を迎えるようになりました。やがて人数の上から言いますと逆転が起きて、ユダヤ人の比率は少なくなっていきました。エフェソの信徒への手紙を受け取った人々は「遠く離れているあなたがた」（17節）と言われているように、ほとんどみな異邦人たちでした。しかし彼らの間にも、ユダヤ人との齟齬や対立の問題があったと思われます。二つのものが一つにされることは切実な問題でした。二つのグループが対立しているのは耐え難い状態だからです。「平和」が切実な問題であったわけです。

私たちにとってもユダヤ人問題やイスラエルの平和は無視することのできない世界の問題ですが、さらに私たちの人生はしばしば他の人々との対立、グループ争いや人と人との軋轢によって悩み苦しみます。二つのものを一つにするのは、「敵意という隔ての壁」を取り壊すことです。私たちもまた「敵意」や「隔ての壁」によって引き裂かれているのではないでしょうか。「隔ての壁」とは何でしょうか。人間を引き裂き、対立させる「壁」がこの世界にはあるという当時のグノーシス主義の思想がここには影響していると見る説があります。あるいはエルサレム神殿の中にあったユダヤ人と異邦人を隔てる「石の壁」が念頭にあったという解釈もあります。

エルサレム神殿はその全体が二重、三重の仕切りで区切られた構造を持っていました。異邦人が入場を許されたのは、「異邦人の庭」までで、その奥の神殿部分とは厳重に区別されていました。それを越えて侵入した異邦人は命を断たれるとギリシア語とラテン語で記された警告文が掲げられていたと言われます。

パウロは第三伝道旅行の後、エルサレムに立ち寄ったとき、神殿の境内でユダヤ人たちに捕らえられました。その理由は、パウロがギリシア人を境内に連れ込んで、聖なる場所を汚したからだというものでした。実際には、ただ神殿の外でエフェソ出身の異邦人トロフィモと一緒にいたのを見られて、ユダヤ人たちがそのような疑いを持ったというのです（使二一28）。

ここに言われる「隔ての壁」が具体的には何かは分かりません。しかしそれは「敵意」を表現していて、容易に取り除けないものとして語られています。敵意が隔ての壁になって、人類を引き裂き、人間と人間を対立させ、神と人とを引き離しているというのです。壁や敵意は、神から遠く離れた異邦人にあるだけでなく、神に近くいるユダヤ人にもあって、律法がそれだとも言われます。律法による割礼や浄めの規定、あるいは食物規定は、異邦人との隔ての壁を表したと考えられるわけです。律法はその規則や戒律でユダヤ人を神から隔ててもいました。だれもそれを本当の意味で守れる人はいなかったからです。

人間を悩ませ苦しめる隔ての壁や敵意は、私たち自身の力で取り壊すことはできません。それができるなら、人間の問題は至って簡単ということになるでしょう。しかしそうはいかないわけです。教会もこれに悩み、牧師もまたこれに苦しみます。明治、大正にかけて優れた牧師であった植村正久も、ある日の説教で、自分はこの年になっても人を赦すことができないと言って、講壇に立ち尽くし、しばらく言葉が続かなかったと言われます。

しかし、聖書はその解決を語ります。平和はすでに神の奇跡として来たと語られます。キリストが御自分の肉において、敵意という隔ての壁を取り壊し、律法を廃棄されたと言うのです。対立する双方をキリストは御自分において新しい一人の人に造り上げたとも言われます。十字架をとおして両者を一つの体、主の体として相互に和解させ、そして神と和解させたと言います。

キリストにおいて敵意は滅ぼされた。ここは内容の込み入った記述です。しかし記されていることは分かるのではないでしょうか。キリストが十字架に死ぬことによって、教会が新しい一人の人として生まれたと言っています。そのことによってキリストにあって敵意が滅ぼされ、双方が互いに和解し、神と和解させられたとあります。双方が一体にされることと、神と和解されることとは一続きです。人間が互いに対立したままでは、神と和解できません。神に献げものをするときには、「まず兄弟と仲直りして、それから供え物をささげなさい」（マタ五24）と言われるとおりです。「主の祈り」で主イエスは、「われらに罪を犯すものをわれらが赦すごとく、われらの罪をも赦したまえ」と祈るようにと言われます。敵対の苦しみは、それをそのまま抱えてでは神の御前に出られないことになります。

その時、キリストは十字架に死なれ、教会を新しい一体の人として生み出し、神と和解させてくださった。これを受けて、私たちはその教会に加えられ、主の十字架の中で新しく生まれた者として神との和解に入れられます。十字架の中で生まれた教会であることによって、教会は敵意を克服します。私が敵意を持つのは、相手の欠け、その邪悪さがひどいからだという言い分も、主イエスの十字架の血の贖いの中では成立しません。主の十字架の中で敵意は滅ぼされ、教会として新しい人に生まれさせられる。それが救いです。

キリストの働きを聖書は十字架に死なれ、隔ての壁を取り壊したと記し、同時にキリストは「おいでになり、遠く離れている異邦人にも近くにいるユダヤ人たちにも、平和の福音を告げ知らせられました」と語ります。十字架に死なれ、その十字架の死によって平和を打ち立てた主イエス・キリストが、平和の福音を告げ知らせておられると言うのです。

「キリストはおいでになり」とは、いつおいでになったのでしょうか。「平和の福音を告げ知らせられました」とありますように、私たちが福音を聞いたとき、それは主イエスから聞いたのです。主イエスの十字架による罪の赦しの福音を聞き、神との和解、神との平和に入れられました。そう福音を聞くとき、主イエスは私たちのところに来られ、その福音を告げ知らせておられます。説教は、主イエスの福音を告げようと努めるでしょう。しかし本当に主の福音を告げ知らせるのは、主イエス御自身です。そのために主は来られると言われます。私たちが平和の福音を聞くとき、復活の主イエスは来ておられるのです。

今朝はエフェソの信徒への手紙二章14節から18節までの御言葉を聞きました。キリストが私たちの平和であり、その平和は主イエスの十字架の死による、十字架の中で分裂した人間同士が新しい一体の人に造られ、神との和解に入れられた、と聞きました。そして18節で締めくくられます。締めくくりの言葉は、「このキリストによってわたしたち両方の者が一つの霊に結ばれて、御父に近づくことができるのです」と言います。「御父に近づくことができる」。それが私たち自身を含め、人間の敵意に打ち勝たれた主イエス・キリストによって、神と和解させられ、神との平和に生かされる者の救いです。

神を御父とし、御父に近づくのは「アッバ、父よ」と呼ぶことでしょう。そう神を呼んで、神の子とされた者が神に近づきます。それは主イエス・キリストによってであり、また「一つの霊に結ばれて」です。

イエス・キリストにより、また聖霊によって、「アッバ、父よ」と呼び、祈ります。御父を愛し、御父を信じ、御父を呼び、御父を礼拝し、御父に近づく。そのとき、私たちはイエス・キリストにあって、また聖霊の働きの中にいます。「イエス・キリストにより、一つの霊にあって、御父に近づく」と言われているとおりです。そのとき敵意は克服され、対立は取り除かれます。この救いに自分が入れられると共に、そこに他者を招きます。それが伝道であり、福音を告げ知らせることです。そのとき主イエス・キリスト御自身が来てくださって、その人に福音を告げ知らせていると言うのです。

二章19－22節

神の住まうところ

従って、あなたがたはもはや、外国人でも寄留者でもなく、聖なる民に属する者、神の家族であり、使徒や預言者という土台の上に建てられています。そのかなめ石はキリスト・イエス御自身であり、キリストにおいて、この建物全体は組み合わされて成長し、主における聖なる神殿となります。キリストにおいて、あなたがたも共に建てられ、霊の働きによって神の住まいとなるのです。

私たちは今、新型コロナウイルスの世界的な感染によって大きな不安の中に置かれています。しかしこの不安は適切に対処しさえすれば、おそらく三、四年で終息するだろうと言われています。もっと長い不安を過ごさなければならないときが人類にはありました。エフェソの信徒への手紙の時代、紀元一世紀末、世界はそれまでの旧秩序が崩壊した不安の中にいました。古代の都市国家は崩壊し、国際的な世界の新しい秩序がどう築かれるか、見通しはなお立ってはいませんでした。エフェソの信徒への手紙はその中で、一つのテーマを重大としています。それは「教会とは何か」という問題です。

この手紙はすでに一章において、教会は「キリストの体」と語り、またこの先五章ではキリストの「花嫁」と語って、夫婦が一体なのはキリストと教会の一体性を示していると書いています。この手紙が「教会とは何か」というテーマを重大として記されていることは明らかです。「教会とは何か」を語ることによって、エフェソの信徒への手紙は時代の不安に応え、キリストの福音の確かさを伝えます。現代にも伝えているのではないでしょうか。

今朝の箇所は「従って」という言葉から始まります。「従って、あなたがたはもはや、外国人でも寄留者でもなく、聖なる民に属する者、神の家族」と言われます。11節の「だから、心に留めておきなさい」で始まり、14節では「実に、キリストはわたしたちの平和であります」と語られて、主キリストが十字架によって敵意を滅ぼし、近くにいる人も遠く離れている私たちも、一つの霊に結び、御父に近づかせてくださると語られてきました。今その段落の最後に結論が語られます。それが「従って」という言葉からです。その結論は「教会とは何か」ということを語っています。

教会は小さく、頼りなく、この手紙が記された時代、微々たる無力な存在であったに違いありません。その上、ユダヤ人と異邦人の分裂を抱え、いろいろな思想や生き方によって引き裂かれ、何の確かさも、安心も、安全も、与える力があったようには思えませんでした。しかしその教会が、キリストの福音の結論なのだとパウロは語ります。

結論の初めに言われるのは、「もはや、外国人でも寄留者でもなく、聖なる民に属する者、という言葉は、「ポリス」（都市国家）という言葉を含んで、そこに住む人を語っています。「神の家族」の方は、「家族」（オイコス）という言葉を含み、神の家族住人と言います。「都市」も「家族」も身と魂の置き所を意味しています。それまでの世界の安全と安心の根拠であったポリス（都市国家）とオイコス（家族共同体）が動揺をきたし、崩壊の不安にあるとき、人々の本当の安心の場、身の置き所はどこにあるでしょうか。その問いに応えて、エフェソの信徒への手紙は、教会を指差しました。あなたがた教会が「聖なる者の都」そして「神の家族」としてあると語り、その市民、家族の一員として生きることができると語ったのです。神の都、神の家族として教会があります。それが、キリストの福音の結論であると語られました。

続いてパウロは、教会を「建物」になぞらえます。教会は建物であると言って、その基本構造を語ります。パウロはコリントの信徒への手紙一でも、教会を神の建物として語り、「私は熟練した建築家のように土台を据えた」と言いました。すでに据えられた土台は、主イエス・キリストと語られました。エフェソの信徒への手紙はそれを引き継いでいます。教会を建物と呼ぶとき、主イエスが「家造り」であったことは重大でしょう。主イエスがナザレで受け入れられなかった理由の一つはそのことでした。イエスに躓いた人々は「この人は大工ではないか」（マコ六3）と言ったのです。その表現があまりに露骨と思えたのではないでしょうか、マタイによる福音書では「大工の息子ではないか」（マタ一三55）とやわらげて、間接的な表現に言い直しています。そしてルカによる福音書やヨハネによる福音書では、このことには触れられていません。しかし、主イエスが「家造り」でいらっしゃったことは、私たちが教会として主イエスによって建てられていることに現れ出ています。

建物で重大なのは土台です。エフェソの信徒への手紙は、土台は使徒や預言者と言い、その要石はキリストと言います。ここは「要石」と訳すのがよいのか、それとも「隅の親石」と訳すべきなのかは、議論があります。使われている言葉である「アクロゴニアイオス」は、訳せば、"coner foundation stone"と言われます。それなら「隅の親石」でしょう。「要石」は石がアーチ状に組まれるときに最後に置かれる石で、アーチを上から押さえる石です。そうするとキリストは教会の頂点に位置していることになり、キリストは教会の目標ということになるでしょう。「隅の親石」と訳せば、使徒と預言者という土台のさらに根本にある土台の意味になります。ここでは、これらの両方が意味されていると言うことができるかもしれません。キリストは教会の根本にある土台であり、同時に教会の目標でもあるわけです。

キリストにあって建てられる教会は、使徒や預言者を土台にしていると言われます。それは彼らの証言がキリストを指し示しているからです。ここで使徒たちと共にキリストを証言している「預言者」というのは、一つの定冠詞によって使徒と共にくくられていますから、旧約の預言者たちを指すのでなく、使徒と共にまた使徒に次いでキリストを宣べ伝えた、初代教会の説教者たちのことを指していると思われます。彼らはそのキリスト証言によって、その後の時代にも尊敬され、私たちの時代にも重大な意味を持っているわけです。それは彼ら自身が重要と言うのではなく、彼らが証言し、宣べ伝えた主イエス・キリストが、今も決定的な意味を持っているということです。キリストを伝えることで、初代教会の預言者たちは、使徒と一丸となって、教会の土台をなしています。

教会は自ら建っているわけではありません。私たちが建てたものでもありません。キリストがあらゆる隔ての壁を越えて、建物全体を組み合わせ、私たちを聖なる神殿にしてくださいました。今朝も教会がここにあるのは、イエス・キリストが家造りとして働き、また御自身が土台となって、私たち教会を支え続け、また目標となって、聖霊にあって教会を建て続けておられるからです。どんなに小さく、頼りなく見えるとしても、教会はキリストによって建てられ、霊にあって身と魂を憩わせる建物、そして神と交わる神殿です。

ここには四つの表現で教会とは何かが語られています。教会は私たち自身が住まう「都」であり、共に生かされている「神の家族」であり、身と魂の住まう「建物」であり、そして神と交わり、礼拝する「神殿」です。神殿は、キリストにあり、また聖霊にあって、私たちが神の御許に共にあり、神と交わるところです。それが最後には、「神の住まい」、神が住まう所と言われています。この段落の最後の言葉は、「神の住まい」です。キリストにおいてまた聖霊にあって「神の住まい」へと共に建てられると言います。「教会とは何か」という問いは、私たち自身が住む住まい、私たちの身と魂の置き所の話でしたが、そうであるのは神が住んでくださる「神の住まい」だからです。神の住まいがこの世界にあるのです。それが教会です。

教会とは何か、私たちが身と魂を憩わせる教会は、そこに神が住む所という話が最後です。教会がたとえどんなに見すぼらしくとも、それはかけがえのない所です。そこに神が住んでくださるからです。神御自身が住んでくださるならば、私たちはそこに身を寄せ、魂を憩わせることができるのではないでしょうか。イスラエルには「神が住む」という言葉は、神がその「栄光」を現すことと結びつけて理解する用法があります。この世的、人間的には、どんなに貧しく頼りなく見えても、教会は神が住み、その栄光を示してくださる場所です。そういう場所が、この地上の世界にあるのです。そういう場所として神が選びたもうた場所、それが教会です。教会は、人間的に見てどんなに小さく貧しくとも、頼りにならなく思えても、初代教会の使徒と預言者の証言を土台にし、イエス・キリストを根本の土台として、キリストと聖霊にあって、共に建てられた群れであり、神が住みたもう場所です。その教会のある限り、どんな時代の中にあっても安心し、また希望をもって生きることができます。それが教会があるということではないでしょうか。

三章1―7節

一つの体に共に属する

こういうわけで、あなたがた異邦人のためにキリスト・イエスの囚人となっているわたしパウロは……。あなたがたのために神がわたしに恵みをお与えになった次第について、あなたがたは聞いたにちがいありません。初めに手短に書いたように、秘められた計画が啓示によってわたしに知らされました。あなたがたは、それを読めば、キリストによって実現されるこの計画を、わたしがどのように理解しているかが分かると思います。この計画は、キリスト以前の時代には人の子らに知らされていませんでしたが、今や〝霊〟によって、キリストの聖なる使徒たちや預言者たちに啓示されました。すなわち、異邦人が福音によってキリスト・イエスにおいて、約束されたものをわたしたちと一緒に受け継ぐ者、同じ体に属する者、同じ約束にあずかる者となるということです。神は、その力を働かせてわたしに恵みを賜り、この福音に仕える者としてくださいました。

人間には誰にもその人らしい生き方があるのではないかと思います。ただ、それがまだ分からない、あるいは分かっていたつもりが、分からなくなったという場合もあるでしょう。そのためどういう生き方が自分の本当の生き方と言えるのか、それを探し求めている人も多いのではないかと思います。その人らしい生き方が確かに身に着いている場合、その人の信仰の姿勢が関係していて、信仰がその人の人生を形作っていると言えるのではないでしょうか。

今朝の聖書の箇所はエフェソの信徒への手紙三章の初めです。1節は「こういうわけで、あなたがた異邦人のためにキリスト・イエスの囚人となっているわたしパウロは」という書き出しになっています。「キリスト・イエスの囚人となっているわたし」という表現は、キリストの使徒パウロが自分を語った言葉として他の手紙にも出てきます。フィレモンへの手紙の中にも同じように「年老いて、今はまた、キリスト・イエスの囚人となっている、このパウロが」（フィレ9）と記されています。

「囚人」は、文字通り、牢獄に入れられ、鎖につながれている人です。パウロはそれを自分らしくない生き方とは考えず、むしろまさしく自分らしいあり方として確信をもって語っています。「囚人」というあり方は、通常で言えば、辱めを受けた惨めな状態です。自分が持っていたあらゆる社会的な位置や評価も、また多くの人からの尊敬や人間関係の信頼も奪われる状態です。しかしパウロはその中でまさしく自分らしくキリストを証しし、福音に仕え、使徒としての生き方を貫いていました。逃亡奴隷であったオネシモをはじめ、獄中のパウロから伝道された人が何人もおりました。ですから、パウロは自分を「キリストの使徒」あるいは「キリストの僕」と言い表しましたが、同時に「キリスト・イエスの囚人」とも語ったのです。その中にキリスト・イエスに深く結ばれた自分の姿を見ていたと思われます。「囚人」という恥辱の姿も、その本当の理由はイエス・キリストに捕らえられているからだと理解し、「キリスト・イエスの囚人」と呼びました。この表現の中には喜びと確信のある生き方が感じ取れます。この手紙を受け取った人々は、ほとんど皆パウロにじかに会ったことのない人たちと考えられます。しかしその人々の間でも「キリスト・イエスの囚人」という表現が、パウロとは何者かを一番よく表す表現として理解されていたのではないかと思われます。

パウロがキリスト・イエスの囚人になったのは、キリストのゆえに、そしてキリストのため、福音のためでした。7節には、「神は、その力を働かせてわたしに恵みを賜わり、この福音に仕える者としてくださいました」と記されています。彼が「囚人」とされたのは、神が無力であったからではありません。そうでなく、神がその力を働かせたことによってです。神が使徒パウロを用いて、その救いの御計画を遂行していることの現れでした。パウロはまた自分がキリスト・イエスの囚人になったのは、「あなたがた異邦人のため」とも言いました。「あなたがたのために神がわたしに恵みをお与えになり、あなたがたのためのキリストの囚人になった」と言うのです。

エフェソの信徒への手紙には「秘められた計画」という言葉が何度か出てきます。「秘められた計画」は「ミステリー」という言葉で、「奥義」とか「秘義」を意味します。そのキリストのミステリーは、キリスト以前には誰にも知らされていなかったのですが、いまや使徒たちや預言者たち、つまり初代教会の説教者たちに啓示され、そして周囲に伝えられました。それが「神の救いの計画」であり、その中に異邦人たちが重要な存在として含まれています。つまり異邦人を含めた救いがキリスト・イエスによって実現した神の御計画です。パウロはそれを異邦人たちに伝えました。その結果、パウロはユダヤ人たちから命を狙われ、しばしば投獄されたわけです。

キリストが十字架にかかって神の救いの御業を果たしたのは、異邦人のためでもあったのです。キリストの奥義である神の救済計画が異邦人の救い、異邦人である私たちの救いをも含んでいたので、パウロは「異邦人のために」ユダヤ人によって投獄されたことになります。異邦人の救いのためにパウロは囚人になりました。「あなたがた異邦人のためにキリストの囚人になった」とパウロが語ったのは、その通りであったわけです。異邦人の救い、つまりはキリストの十字架の死による救いが、パウロを何度も投獄させたわけです。キリストが十字架にかかって果たしてくださった救いが、パウロを投獄させ、パウロを囚人にしました。

それではその救いはどのような救いでしょうか。キリストの奥義であり、パウロが囚人になってまで伝えた異邦人の救いとは何でしょうか。聖書は独特な表現でそれを記しています。私たちが救われるのはどういうことと言われるでしょうか。聖書はそのとき「共に」という言葉を使って語ります。6節にこう言われます。「すなわち、異邦人が福音によってキリスト・イエスにおいて、約束されたものをわたしたちと一緒に受け継ぐ者、同じ体に属する者、同じ約束にあずかる者となるということです」と。救われるということは、「一緒に」つまり「共に」ということだと言って、この「共に」を三つの言葉で語っています。

第一に言われるのは「共に受け継ぐ者」です。救われるというのは「共に受け継ぐ者」にされることです。「一緒に受け継ぐ」と訳されています。「共に」は「一緒に」と言ってもよいでしょう。「共に」は「スン」という小さな接頭語です。例えば「シンフォニー」とか「シンパシー」という言葉があります。そこにスン、あるいはシンが入っています。「共に」がなければシンフォニー（交響曲）になりません。また「共に」があって、シンパシー（同情）が成り立ち、共感が起こります。「共に受け継ぐ」というのは、キリストによる救いによって、イスラエルに約束された神の民の特権や資産、総合的に言えば神の国を「共に受け継ぐ」ことです。そこに救いがあります。ですから、救いとは「共に」のことだと言ってよいわけです。「共に」には愛があるから「共に」です。赦しがあるから「共に」です。敵対では「共に」は成り立ちません。イエス・キリストの十字架における贖いが、敵意や隔ての壁を取り除いて、神と「共に」、また他者と「共に」を打ち立て、「共に」の中に私たちを入れてくれたのです。

救いの第二の「共に」は、「共に一つの体に属す」です。「同じ体に属する者」と訳されています。救いは「共に一つの体に属する者」にされたことです。「体」は「ソーマ」と言いますが、聖書はここで「共に」を意味する「スン」と「体」を結び合わせて、「共なる体」(スソーマ)という独特な言葉を使用しています。「共体の救い」とでも言いましょうか。「体」は、もちろん「キリストの体」であり、教会です。その体を「共なる体」として、そこに共に属するというのです。それはユダヤ人と異邦人が一つのキリストの体に造り替えられたことを意味します。異邦人を欠いて「体」は成り立たないのです。あなたがたを欠いて、キリストの体は成立しません。そういうキリストとの深い結合、神のための結合の中に入れられています。それが救われているということです。洗礼の大切さを改めて思わせられます。

第三の「共に」は、キリストの「約束に共に」あずかる者になることです。共に受け継ぎ、共に一つの体に属し、共に約束にあずかることが、神の秘められた計画にある救いです。キリストに結ばれ、神にこの上なく近く身を寄せることのできる者たちとして、互いに一つの御国を受け継ぎ、一つの体に属し、一つの約束にあずかる者とされました。それがイエス・キリストにあって聖霊によって啓示された救いであり、この救いを受けて伝えた使徒は喜んで「キリストの囚人」になったのです。

救いは三つの「共に」で表現されました。そのいずれも重大ですが、今朝は特に、二番目に言われた「共なる体」「共に一つの体」という救いの表現に注意をしたいと思います。ここにエフェソの信徒への手紙の主題が示されていると思われるからです。エフェソの信徒への手紙は、一章、二章と信仰の本質的な内容を語ってきました。三位一体の神と神の深遠な選びのこと、そして神の救いの御計画のこと、キリストにあってすべてのものが一つにされるという奥義が語られてきました。そしてキリストの十字架の贖いによって敵意が滅ぼされ、隔ての壁が取り壊され、「一つの体としての教会」が造り出されたと語ってきました。一つの霊に結ばれた一つの体である教会が御父に近づくというメッセージがこの手紙の中心に響いています。今朝の箇所の「共に」、つまり「共に受け継ぎ」「共に一つの体に属し」そして「共に約束にあずかる」ということも、教会の一致を語り、共に一つの体に属することで「一つである教会」を語っています。一つの体である教会に「共に」あるのは、キリストの十字架と神の愛により、一つの霊によります。そこから喜びと力が湧いてきます。

新型コロナの感染防止のため、私たちは今、離れ離れになって過ごし、主日礼拝もそれぞれの家庭や部屋に分かれて礼拝しています。しかしそれは「共に一つの体に属す」神の救いの御計画によって成り立っています。「共なる体」を今は、目に見える集合体によって表現することができません。しかし「一つである教会」に「共に属している」ことを私たちは皆、信じています。そしてできる限り早く、目に見える仕方でも一つに集って、キリストの体に加えられる洗礼式を祝い、聖餐式にあずかりたいと願っています。「共に一つの体に属す」という救いのために、使徒は投獄され、囚人とされることをも喜びました。投獄されても孤独ではありませんでした。いよいよ「共に」の中に生かされたのです。使徒の信仰は私たちの信仰でもあるのではないでしょうか。

三章7－9節

弱さの中に働く力

神は、その力を働かせてわたしに恵みを賜り、この福音に仕える者としてくださいました。この恵みは、聖なる者たちすべての中で最もつまらない者であるわたしに与えられました。わたしは、この恵みにより、キリストの計り知れない富について、異邦人に福音を告げ知らせており、すべてのものをお造りになった神の内に世の初めから隠されていた秘められた計画が、どのように実現されるのかを、すべての人々に説き明かしています。

新型コロナの感染予防の中で「命と経済」、あるいは「命か経済か」と言われることがあります。コロナの猛威の中で健康や命のためを思えば、人との接触を避け、外出を自粛するのが最良と言われます。しかしそれでは経済活動は成り立たないと言われ、経済を回わしていくためには出勤もしなければならないし、店も開けなければならないと言われます。健康や命を維持することと、経済を持続させることとは、相反するところがあって、両方のバランスをとっていかなければならない、それが現在の課題だと言われるわけです。

しかし命と共に、仕事や経済が一番大事かと問えば、聖書はそうは言っていません。エフェソの信徒への手紙はパウロ直筆の手紙かどうかには疑問があることは以前申しました。しかしパウロ自身の信仰とその言葉が根底にあることは明らかです。パウロは天幕造りを職業として生計を立てていたこともよく知られています。しかし聖書の中で、パウロが天幕造りの仕事が命と共に極めて重大と記している箇所はどこにもありません。

今朝の箇所でパウロが語っているのは、「福音に仕える」ということです。「異邦人に福音を告げ知らせている」と言い、「神の秘められた計画がどう実現されるかをすべての人々に説き明かしています」と語っています。それがパウロの仕事（天幕造り）にまさる仕事でした。彼の命と経済、健康と職業は、「福音に仕える」ためにこそ営まれたと言ってよいでしょう。それはパウロが使徒であったからでしょうか。確かにそうですが、使徒の生き様はまた、キリスト者である私たち誰でもの生き方を示しているとも言えるでしょう。私たちの誰もが、キリスト者として召されたことによって、「福音に仕える」者にされ、そのためにそれぞれの命と職業の生活を営んでいます。私たちは皆、誰もが、福音の伝道と証しに召されています。私たちの命と経済はそのためのものと言ってよいでしょう。

それでは「福音に仕える」とはどういうことでしょうか。「福音を告げ知らせ」「神の秘められた計画の実現を解き明かす」と言われていますが、どういうことでしょうか。私たちにそれができるのでしょうか。どうしたらできるのでしょう。

福音は一言で言えば、神の御子キリストが私たちのために命をかけて死んでくださった事実のことです。その事実によって、神との間に、また罪の者である私たち人間同士の間にも、破られることのない平和が築かれ、キリストの体である教会に生きることが許されました。教会に生きる者が福音に仕えることは当然なことと言ってよいでしょう。福音によって一つの教会にされたのだからです。

しかしこの当然なことがどのようになされるかというと、そこには奇跡的なものがあるとパウロは語ります。こう書いています。「神は、その力を働かせてわたしに恵みを賜わり、この福音に仕える者としてくださいました」（7節）。福音に仕える者とされたのは、神の恵みによってであったというのです。誰でも神の恵みを賜わることなしに、福音に仕える者にされることはありません。その人自身の能力や資格によって福音に仕えることはできないわけです。逆にどんな人でも、神が力を働かせて恵みをくださるならば、キリスト者とされて福音に仕えることができます。福音、つまり十字架にかけられたキリスト・イエスによる救いとキリストの復活を告げ知らせることができます。そして「キリストの計り知れない富」を証しすることができます。恵みをいただくことで、誰もが教会の証しの営みに加わることができます。

使徒パウロは当時の社会の水準で見たら、その学識や能力においておそらく抜群の人だったでしょう。ですが彼は今朝の箇所で自分を「つまらない者」「小さな者」と呼びます。「この恵みは聖なる者たちすべての中で最もつまらない者であるわたしに与えられました」（8節）と記しています。他の手紙の中でもパウロ自身、「わたしは神の教会を迫害したのですから、使徒たちの中でも一番小さなものであり、使徒と呼ばれる値打ちのない者です」（一コリ一五9）と書いています。ここでは「使徒たちの中で」でなく、さらに「聖なる者たちすべての中で」、つまりキリスト者全員の中で、と言うのです。すべてのキリスト者の中で「最もつまらないもの」だと言うのです。この言葉は、最上級の「最もつまらない」という言葉にさらに比較級で「よりつまらない」を付け加えて「最も小さな者よりもっと小さい」という表現です。徹底した自己卑下の表現と言ってよいでしょう。それは自分を卑下しているというより、「福音に仕える」のはもっぱら恵みによる、その恵みの圧倒的な働きを語っているわけです。恵みによって彼は変えられました。変えられることによって、福音に仕える者とされたのです。

パウロがあるとき聞いた主の言葉が思い出されます。どうしても治らない病の中で、何度も癒しを祈り懇願した中で、「わたしの恵みはあなたに十分である」（二コリ一二9）と聞いたと言うのです。神の恵みの特徴は〈十分に〉与えられていることです。神はケチなお方ではありません。神の恵みは存分に与えられてこそ神の恵みです。そして「力は弱さの中でこそ十分に発揮される」とパウロは聞かされました。恵みを受ける者が弱いとき、そのときにこそ恵みの力は存分に発揮されると言うのです。「最もつまらない者よりもっとつまらない」、その者の中に恵みの力は十分に発揮されたのです。

エフェソの信徒への手紙は、ある研究者の言い方によると、「自分たちが悪魔の王国によって抑圧されていると感じていた小アジア西部の諸教会」に宛てて記されたと言われます。悪魔的な力による圧迫は、教会の外から来ますが、教会の内に蔓延します。新型コロナウイルスのようなものです。そうすると信仰者の心はすさみます。信仰は曖昧になり、愛は冷え、不安が生じ、主にある人々の間に分断が生じます。当然、人々は冷たくもなく熱くもないものになり、そしてその試練の中でどこに心を向けるべきかが分からなくなります。そのとき、すべての信仰者の中で最も小さな者よりももっと小さな者に対しても神の賜わる恵みがあると言うのです。この神の恵みに心を向けるのではないでしょうか。弱さの中でこそ発揮される神の恵みの力によって、キリストの福音に仕える道が歩まれます。この歩みが許されているとパウロは語ったのです。

神の恵みなしにやれることは、およそ大したことではありません。それがどんなことであれ、人生の決め手にも、社会の決め手にもならないでしょう。日本の政治を見ればよく分かるのではないでしょうか。人間の救いにならないものです。人間は、政治以上の政治を必要としています。神の恵みの統治がなければ、人間の本当の救いにはならないからです。救いは神から来ます。神から来なければ救いになりません。神の恵みは神から来て、人間の弱さの中にその力を発揮するでしょう。

私たちが仕える福音は、「キリストの計り知れない富」と言われます。主は私たちのために御自分の命をささげてくださいました。そして死に勝利した復活のキリストがわたしたちと共にいてくださいます。その富は計り知れません。

「恵みを数える」という表現がよく語られます。私たちは気付かないうちに多くの恵みを受け、今現在に至っています。その恵みは、数えることができるほどに具体的だということでしょう。しかし恵みは、数えるといって、数えられるものではありません。いま自分がここにこうしてあること、私たちが今日あるのは神の恵みです。振り返って、いろいろな時に与えられた助けがありました。人々との出会いがあり、家族や友人との交わりがあり、それを通して助けられ、支えられてきました。それは神の恵みです。特に信仰を求める者とされたのは神の恵みです。そして神を信じる者とされたことは神の恵みです。神の恵みの選びによる賜物です。神の愛を知らされ、赦しを与えられ、信仰に生きる喜びと勇気を与えられたのは神の恵みです。礼拝にあずかり神の言葉を聞く者とされ、祈る者とされたことは神の恵みです。神の子とされ、神の国を継ぐ者とされ、約束のしるしとして聖霊を与えられたことは神の恵みです。どんなときにも望みを失わず、何ものによっても神の愛から引き離されない者にキリストにあってされたこと、それは神の恵みです。福音は、キリストの計り知れない富を伝えています。キリストにある神の愛から計り知れない恵み、数えきれない恵みが満ち溢れています。そのすべてが神の恵みであることは、それが私たち自身の弱さによって少しも衰えないことで分かります。神の恵みはむしろ私たちの弱さの中でいよいよ力を発揮します。死に勝利した復活のキリストが私たちと共にいてくださることが神の恵みだからです。

三章14－19節

内なる人を強くしてくださる神

こういうわけで、わたしは御父の前にひざまずいて祈ります。御父から、天と地にあるすべての家族がその名を与えられています。どうか、御父が、その豊かな栄光に従い、その霊により、力をもってあなたがたの内なる人を強めて、信仰によってあなたがたの心の内にキリストを住まわせ、あなたがたを愛に根ざし、愛にしっかりと立つ者としてくださるように。また、あなたがたがすべての聖なる者たちと共に、キリストの愛の広さ、長さ、高さ、深さがどれほどであるかを理解し、人の知識をはるかに超えるこの愛を知るようになり、そしてついには、神の満ちあふれる豊かさのすべてにあずかり、それによって満たされるように。

私たちは手紙を書きます。それは書かなければならない理由があり、また書き送るべき事柄があるからでしょう。聖書の中の手紙の場合もそうです。エフェソの信徒への手紙には書かれなければならない理由がありました。それはその時代、その地域の教会が生気を失い、その信仰が形ばかりのものになっていたからです。信仰は弱々しく、中途半端なものになっていました。一言で言うと、信仰の弱体化現象が起きていました。そういうことは誰の場合にも、またいつの時代の教会にも起きることではないでしょうか。

しかし弱体化した信仰では、降りかかる試練に耐えることはできません。その信仰によって本当に生きているとも言えなくなります。ですから、エフェソの信徒への手紙の著者は、今朝の箇所で、使徒パウロの祈りとして、信徒たちが強められるように、御霊によって強化されるようにと祈っています。ここにこの手紙の一つの重大なテーマがあることは明らかです。そのテーマとは、御霊によって強くされるということです。このことは現代の私たち自身にも必要なことではないでしょうか。

「こういうわけで、わたしは御父の前にひざまずいて祈ります」と言われます。聖書の時代、祈るときは通常立って祈りました。ひざまずいて祈るのは特別なことです。しかし使徒は、いま教会のため、その一人一人のために、ひざまずいて祈ると言います。私たちの祈りにも時にはそれがあるべきでしょう。ゲツセマネの園で主イエスは「うつ伏せになって」(マタ二六39)祈ったと言われます。使徒は、「御父の前で」と言い、その「御父から、天と地にあるすべての家族がその名を与えられています」と語っています。天と地にあるすべての群れの父が由来する神を語って、その神が創造の主であり、また救済の主であることを告げ、その神の前に「ひざまずいて祈る」と言うのです。こうしてここには三つの祈りが献げられます。今朝はそのうちの第一の祈りに集中したいと思います。それが、「御父があなたがたを強めてくださるように」という祈りです。

私たちも崩れそうになるときがあります。今も崩れそうになっているのではないでしょうか。強くされなければ、本当の信仰生活を生きることはできません。ですから強化されなければならず、「内なる人」が強められなければならないのです。「あなたがたの内なる人を強めてくださるように」と祈られるとおりです。「内なる人が強められる」のは、外面を取りつくろうことではありません。外面をとりつくろったとして、本当に強められたことにはならないでしょう。外的な強化は、外的な事情が違ってくれば、再びもろく崩れるものです。本当の強化には「内なる人」が強められなければなりません。しかし「内なる人」が強められるとはどういうことでしょうか。滝に打たれて精神修行をすることを考える人はいないでしょう。根性を入れ直す必要があるという話でもないでしょう。強められるということは、強情な人になったり、ずうずうしい人になることでもありません。

芯が強いといったことは、悪いことではないでしょう。しかしそれが決定的だと考えるなら、聖書をまったく誤解していると言わなければならないでしょう。使徒の祈りは、「どうか御父が、その豊かな栄光に従い、その霊により、力をもってあなたがたの内なる人を強めて」くださるようにというのです。「内なる人」とは、神の御霊によって、つまり自分自身の精神力でなく、神の力によって強くされる人、つまり「内なる人」とは「信仰の人」のことです。御霊による神の恵みの働きを内なる強さとする信仰の人です。「内なる人」とは、ですから、信仰によって神の御霊の働きを受けることを大事なこととしている人、人間としての弱さの中でも信仰によって強められ、弱い時にこそ強い恵みの力によって強くされる人です。その人は外からの脅かしに左右されません。何よりも神を信じて生きているからです。

使徒の祈りは、この「信仰の人」が強められることを祈って、もう一つ祈りを重ねます。それは、「信仰によってあなたがたの心の内にキリストを住まわせてくださるように」という祈りです。キリストが御霊によって私たちの心の内に住むと言われます。私たちの内なる人が強められるということは、信仰を与えられることであり、それはまたキリストが私たちの心の内に住んでくださることです。それは、どういうことでしょうか。キリストがわが内に住んでくださるというのは、「キリストの内住」と言われます。そういう信仰を使徒パウロの神秘主義と考えた時代もありました。しかしキリストが私たちの心の内に住んでくださるというのは、理解不可能な神秘主義を語ったわけではないでしょう。そうでなく信仰によって誰からも理解され得る、むしろ当然のキリストの恵み、キリストの真実、その現実を語っています。

私たちが今、信仰による内なる人の強化を必要としているなら、主イエス・キリストが聖霊によって私たちの心の内に住んでくださるとの信仰を受け入れ、「キリストの内住」を信じて、承認する必要があるでしょう。キリストが心の内に住んでくださると言われるとき、心とは私たちの生活全体の中心のことです。そこにキリストが住まわれるということは、キリストが私たちの中心にいてくださるということであり、キリストが私たちの主として、私たちの生活の全部を捕らえ、そして支えてくださるということです。

使徒パウロは、ガラテヤの信徒への手紙の中で、「わたしは、キリストと共に十字架につけられています」と語って、「生きているのは、もはやわたしではありません。キリストがわたしの内に生きておられるのです」（ガラ二20）と語りました。同じように、フィリピの信徒への手紙でも、「わたしにとって、生きるとはキリストであり、死ぬことは利益なのです」（フィリ一21）とも語っています。

今朝の祈りは、使徒パウロのその信仰と同一の信仰を語っています。キリストが私たちの心に住んでくださるというのは、イエス・キリストが私の主であるということです。主イエスが私を捕らえてくださり、主イエスが私たちの全部を引き受けてくださっています。だから、私にとって生きるとは、キリストであり、生きているのはもはや私ではない、キリストが私の内に生きておられるということなのです。御父が「あなたがたの内にキリストを住まわせてくださるように」と言うのは、キリストがあなたの主であるように、そしてキリストがあなたのすべてを捕らえてくださるようにということです。そのとき、私たちの内なる人は強化されます。私たちの信仰は、もはや外面的な形だけの信仰ではありませんし、中途半端な信仰でもありません。外からの試練にただただ引き回される人間ではもはやないでしょう。私たちを引き回すのは、ただ主キリストお一人だけです。私たちはキリストのものとされ、生きているのはもはや私ではなく、キリストが私の内に生きておられるのだからです。

キリストが心の内に住み、キリストが御霊によって働き、どんなときにもキリストがわが主でいてくださる。そのとき、その人の信仰は熱い信仰にされているのではないでしょうか。熱くもなく冷たくもない状態ではもはやないでしょう。その人の愛が冷えることもないでしょう。キリストがわが心の内にあって主でいてくださることは、その人の中心に神の愛が働いていることです。それで使徒の祈りは、あなたがたを愛に根ざし、愛にしっかりと立つ者としてくださるようにとも祈られるのです。

今朝は、信仰の危機の中で教会と教会の一人一人のために祈る使徒の祈りを、その最初の祈りに集中して学びました。それは、内なる人が神の霊により、神の豊かな栄光に従い、強くされる、そして信仰によって心の内にキリストが住まわれるようにという祈りでした。人間が強くされるのは、本当の意味では、内なる人が強化されることで、そのことはキリストがその人の主として心の内に住んでくださることによります。そのようにして信仰により、主なるキリストによって強くされた人は、愛に根ざす人、神の愛に根ざし、そして他者を愛する愛にしっかりと立つ者とされるでしょう。

よく「ブレる」「ブレない」という表現がなされます。この国の政治家たちは残念ながら今、コロナ感染拡大の中でブレまくっています。二月からもう半年が経ちますが、およそなさなければならないことに関して無為無策です。コロナの検査体制も取れず、ワクチンも不十分です。しかし怒ったり、憤ったりではなく、神の恵みの御支配があるように祈って、彼らのことも執り成さなければならないでしょう。むしろ教会とキリスト信仰者こそブレてはならないでしょう。教会とキリスト者は、愛に根ざし、愛にしっかりと立つ者とされるように、神の愛に根を置き、神の愛にしっかりと立たされ、人々の間にその愛をもって生きなければならないでしょう。それが内なる人が強められているあり方です。

人間が強くされることは確かな愛に現れると聖書は告げています。私たちの心の内にキリストが住んでくださることは、あなたがどれだけ愛せるかによって示されます。なぜなら、それはキリストにあってどれだけ神から愛されているかを表すからです。内なる人が信仰の人としてどれだけ御霊によって強められているか、信仰によってどれだけ主なるキリストがその人の心の内に住まわれているか、それはその人がどれだけしっかりと愛に根ざし、他者を愛の内に覚えているかによって示されます。御言葉を感謝して、主イエス・キリストにある神の愛に生かされ、愛をもって歩んでいきましょう。

三章18－21節

キリストの広さ、長さ、高さ、深さ

また、あなたがたがすべての聖なる者たちと共に、キリストの愛の広さ、長さ、高さ、深さがどれほどであるかを理解し、人の知識をはるかに超えるこの愛を知るようになり、そしてついには、神の満ちあふれる豊かさのすべてにあずかり、それによって満たされるように。
わたしたちの内に働く御力によって、わたしたちが求めたり、思ったりすることすべてを、はるかに超えてかなえることのおできになる方に、教会により、また、キリスト・イエスによって、栄光が世々限りなくありますように、アーメン。

信仰が生気を失うことは誰にでも起きることです。ですから教会にしろ個人にしろ、信仰がもっと力を発揮するにはどうしたらよいかと問うことがあるのではないでしょうか。エフェソの信徒への手紙は、一章から三章まで、福音の真理とその奥義、そして神の御計画について記してきました。三章の最後である今朝の箇所で、この手紙の重要な前半が終わろうとしています。そしてこの後の四章から六章まで、その福音を信じる者がどう生きるか、その生活や倫理を語ろうとします。この区切りの箇所で、使徒パウロの祈りとして、あなたがたが「強くされるように」と祈られます。それも「ひざまずいて祈る」と言われます。あなたがたの内なる人が強められ、あなたがたの心の内にキリストが住まわれ、そしてあなたがたがしっかりと愛に立つ者とされるようにと祈られます。それがこの箇所の第一の祈りでした。今朝は、この前半の祈りの締めくくり、祈りの第二、第三の御言葉に聞こうとしています。

「内なる人が強められるように」との祈りに次いで、「あなたがたがすべての聖なる者たちと共に、その広さ、長さ、高さ、深さがどれほどであるかを理解し、知識をはるかに超えるキリストの愛を知るように」と祈られます。「強くされる」ことは、「理解し、知る」ことと結びついています。

何を知るというのでしょうか。「その広さ、長さ、高さ、深さ」です。何の広さ、長さ、高さ、深さでしょうか。「キリストの愛の広さ、長さ、高さ、深さ」と訳されています。しかし原文には「キリストの愛の」とはありません。19節に「この愛を知るようになる」とあるのが、「キリストの愛を知るようになる」と記されています。それで広さ、長さ、高さ、深さというのは、キリストの愛のことだと解釈されました。しかしここはむしろ「救い」の広さ、長さ、高さ、深さを語っていると解釈する人もいます。それよりもむしろ、その広さ、長さ、高さ、深さは、「キリスト」御自身のことと理解してよいのではないでしょうか。キリスト御自身の広さ、長さ、高さ、深さです。それによってキリストの大きさが語られますが、同時に、今、キリストがどこにおられるかも語られます。キリストの広さ、長さ、高さ、深さを理解するなら、どんな世界の片隅でも主イエスのおられないところはないと理解されるでしょう。キリストのおられない遠方もなければ、キリストのいない高きところも、深き所もないのです。キリスの遍在」という表現があります。主イエスは主なる神として、その御意志により意志されるところどこにでもおられます。主はそこにはいないと決めつけることも、ここにはいないと絶望することもしてはならないことです。主イエスは、今この礼拝堂におられ、私たちの礼拝に臨在してくださっています。が、同時にオンラインで、この礼拝を見、そして聞き、参加しておられるどの家庭にも主はおられ、主イエスの臨在が散り散りに見えるそれぞれの礼拝を、全体として主にある一つの礼拝として結び合わせてくださっています。

あなたがたの内なる人が強められるようとの祈りが、キリストの広さ、長さ、高さ、深さを理解するようにとの祈りになったのは、当然のことではないでしょうか。なぜなら、私たちの信仰が力を失うことがあるとしたら、それはいつでも主イエス・キリストをあまりに小さくしか理解せず、キリストを知らず知らずに見くびって、いまキリストは私から遠く離れていると感じるときだからです。今この時、非常に遠方に身を置いている人もいるでしょう。あるいは、今この時、深い悩みの淵にいる人もいるでしょう。病床にいる人もいると思います。しかしキリストはそこにおられ、どこにあっても私たちに伴ってくださいます。主イエスは、私たちがどこにいても、私たちの現実の中に来てくださり、私たちの問題を御自分の問題として受け取

郵 便 は が き

料金受取人払郵便

銀 座 局
承　　認

4307

差出有効期間
2024年2月
29日まで

1 0 4-8 7 9 0

628

東京都中央区銀座4－5－1

教文館出版部 行

◉裏面にご住所・ご氏名等ご記入の上ご投函いただければ、キリスト教書関連書籍等のご案内をさしあげます。なお、お預かりした個人情報は共同事業者である「(財)キリスト教文書センター」と共同で管理いたします。

●今回お買い上げいただいた本の書名をご記入下さい。

書名

●この本を何でお知りになりましたか

1．新聞広告（　　）　2．雑誌広告（　　）　3．書　評（　　）
4．書店で見て　　5．友人にすすめられて　　6．その他

●ご購読ありがとうございます。
本書についてのご意見、ご感想、その他をお聞かせ下さい。
図書目録ご入用の場合はご請求下さい（要　不要）

教文館発行図書　購読申込書

下記の図書の購入を申し込みます

書　　　　名	定価（税込）	申込部数
		部
		部
		部
		部
		部

●ご注文はなるべく書店をご指定下さい。必要事項をご記入のうえ、ご投函下さい。
●お近くに書店のない場合は小社指定の書店へお客様を紹介するか、小社から直送いたします。
●ハガキのこの面はそのまま取次・書店様への注文書として使用させていただきます。
●DM、Eメール等でのご案内を望まれない方は、右の四角にチェックを入れて下さい。□

ご氏名	歳	ご職業
（〒　　　　） ご住所		
電　話 ●書店よりの連絡のため忘れず記載して下さい。		
メールアドレス （新刊のご案内をさしあげます）		

書店様へお願い　上記のお客様のご注文によるものです。
着荷次第お客様宛にご連絡下さいますようお願いします。

ご指定書店名	取次・番線
住　　所	
	（ここは小社で記入します）

り、私たちを御自分の命と愛の中に引き入れてくださいます。

主イエスの遍在は、主の愛の遍在です。主の愛はどこにあっても力を発揮してくださいます。この箇所を「キリストの愛」の広さ、長さ、高さ、深さと訳したのは、決して誤りではありません。そしてこの広さ、長さ、高さ、深さは、「救い」の広さ、長さ、高さ、深さを語っていると解釈した人も間違ってはいません。キリストが小さな存在でなく、神と一つである御子なる神、大いなる方として、大きく深い愛をもって、遍在してくださるとき、キリストのおられるところ、そこにキリストの愛があり、救いがあるからです。

内なる人が強められるようにと祈った使徒の祈りは、キリストの大きさ、その遍在、そしてその愛の大きさ、深さを知るようにとの祈りになりました。信仰の内なる人が強められるには、キリストの大きさ、そしてキリストの広さ、長さ、高さ、深さに対する理解が必要です。その愛が人間の知識をどれほどはるかに超えているかを知ることです。それを知る人に勇気が与えられます。萎えた心は強くされます。忍耐する力、そして確かに希望する力が与えられるでしょう。

「知る」とか、「理解する」と言われているのは、もっぱら頭で理解する知識を言っているわけではありません。信じて知ることは、信頼を込めて知ることであり、キリストの愛の中に知られていると知ることであり、受け入れられていることに信頼することです。そしてそれを心から承認して喜んでいます。そういうキリストの愛の知識は、ついには神の測り知れない豊かさに包まれ、その人自身も豊かにされるでしょう。そうなるようにと言われます。

ここに使用されている「神の満ち溢れる豊かさ」「神の充満」という言葉は、この手紙の特徴的な用語です。信仰が強められることは、神の充満にあずかり、その信仰の人自身も豊かにされることだと言うのです。

使徒の祈りの最後、第三の祈りは、「栄光が世々限りなく神にありますように」という讃美です。讃美は「栄光、神にあれ」という祈りでもあります。それも「はるかに超えてかなえることのできる方」にと言われます。「はるかに超えて」は三つの単語が一緒になった言葉で、非常に豊かに、超豊富にすべてをなしてくださる方に、と言うのです。その力を私たちの内に働かせて、私たちが求めることや思うことを遥かに超えて実現してくださる力ある神に、世々限りなく栄光がありますようにと祈ります。

内なる人を強めてくださるようにとの祈りは、キリストの大きさとその遍在を知り、愛の豊かさを理解し、神の充満に満たされるようにとの祈りになりました。そしてそのうえでさらに、私たちの祈りを遥かに超えて、すべてを実現してくださる力に満ちた神への讃美になっています。「教会により、また、キリスト・イエスによって、栄光が神にありますように」と言われます。

「キリスト・イエスによって」は分かります。栄光はキリスト・イエスによって神にあるでしょう。しかし「教会により」とも加えられています。栄光が神にあるのは、イエス・キリストによってですけれども、同時に「教会によって」でもあるようにと祈られます。その時の教会は、生気を失った教会ではないでしょう。生ぬるい信仰の教会でもないはずです。そうでなく「栄光、神にあれ」と讃美する教会です。「栄光、神にあれ」と讃美する教会が、愛の冷えた教会であるはずはありません。

エフェソの信徒への手紙の前半は、この祈りで締めくくられ、最後に「アーメン」と結ばれます。「教会により、また、キリスト・イエスによって、栄光が神に世々限りなくありますように」と使徒が祈るとき、この手紙を受け取り、礼拝の中でそれが読まれるのを聞いた会衆が皆、「アーメン」と応えました。それによってこの手紙が、礼拝で読まれた手紙であることが明らかだと聖書解釈者たちは口をそろえて言います。

私たちも、今朝の御言葉を聞きました。私たちの内なる人が強められるようにと祈られ、キリストの広さ、長さ、高さ、深さを私たちが理解するようにと祈られました。そして神に栄光あれと讃美する使徒の祈りを聞きました。私たちも「アーメン」と応えたいと思います。使徒の祈りの最後、讃美の祈りをもう一度お読みします。そうしたら会堂の皆さんも、家庭にあってオンラインで礼拝に参加しておられる皆さんも、「アーメン」と応えてください。そのときどんなに離れたところにも同一の主イエス・キリストがおられ、私たちの内なる人を強くしてくださるに違いありません。「教会により、またキリスト・イエスによって、栄光が神に世々限りなくありますように」。アーメン。

四章1―6節

霊による一致

そこで、主に結ばれて囚人となっているわたしはあなたがたに勧めます。神から招かれたのですから、その招きにふさわしく歩み、一切高ぶることなく、柔和で、寛容の心を持ちなさい。愛をもって互いに忍耐し、平和のきずなで結ばれて、霊による一致を保つように努めなさい。体は一つ、霊は一つです。それは、あなたがたが、一つの希望にあずかるようにと招かれているのと同じです。主は一人、信仰は一つ、洗礼は一つ、すべてのものの父である神は唯一であって、すべてのものの上にあり、すべてのものを通して働き、すべてのものの内におられます。

キリスト教信仰には、福音を信じる信仰とそれによって生きる生活とがあります。福音を信じる信仰と福音による生活、その両方があるのがキリスト教信仰です。これをエフェソの信徒への手紙に即して言いますと、手紙の前半の一章から三章までは福音とは何か、その信仰が語られました。後半四章以下では福音による生活が語られます。四章1節は、今まで福音を語ってきたところから転じて、その福音によってどういう生活が与えられるかを語る、その最初の書き出しになっています。

パウロはこう言います。「そこで、主に結ばれて囚人となっているわたしはあなたがたに勧めます」。使徒パウロは主キリストに結ばれ、キリストのものとされて、福音を伝えました。その結果、今、牢獄の鎖につながれ、囚人になっています。確かに身は鎖に結ばれていますが、しかしそれ以上にキリスト・イエスに結ばれて、その僕にされているというのです。

そして「あなたがたに勧めます」と語ります。つまり福音を語った後に、福音による生活の使徒的な「勧め」を語るわけです。キリスト教信仰には信仰と共に生活があると言いました。その生活の指導のために「勧めます」（パラカロー）とあるように、「使徒的勧告」（パラクレーシス）が語られるわけです。

使徒的福音と使徒的勧告はばらばらではありません。使徒の勧告が語るのは、使徒的福音によって与えられた新しい生活です。ですから伝道は福音を語るのですが、同時にその福音がどういう生活を生み出すか、福音によって生み出された生活が伝道するという面もあるわけです。

この福音の生活の冒頭で、使徒は「神から招かれたのですから、その招きにふさわしく歩む」ようにと「勧告」します。神から招かれたというのは、神の「召し」を受けたことです。「召し」に先立って「選び」があります。しかしその神の選びにふさわしくない私たちです。その私たちを、神はなお招き、そば近くに引き寄せてくださいます。神からの招きはですから、神の選びに基づき、またキリストゆえの赦しによっています。イエス・キリストの贖いに基づいての召しです。私たちが神から選ばれ、神の子とされ、キリストのものとされて生きてよい。それが福音です。この招きにふさわしく歩む。そこに福音の生活があり、そのために使徒的勧告があるわけです。

最近、新聞を見ていて新聞小説が目に止まりました。日本における最初の聖公会宣教師、C・M・ウィリアムズのことが記されていました。ウィリアムズはヘボンと同じ年に来日した宣教師ですが、横浜でなく長崎に来ました。後に日本聖公会の最初の主教になった人で、立教学院の創設などいろいろな働きをした人です。この人から洗礼を受けた人が日本人初の聖公会の信徒になったそうです。その人は彼の料理人だったという話です。彼の長崎時代の暮らしは清貧の生活で、冬の寒さに薪ストーブを用意されてはどうかと言われると、「イエス様の時代にそういうものはありませんでした」と応えたといった話です。食事も質素で料理人に金を与えて素材を買いに行かせますが、戻ると値段を聞いて、高すぎるから安いものと替えてきなさいと言ったというのです。それが再三のことで、料理人はとても務まらないからと辞職を申し出たそうです。するとウィリアムズは「これはお前のために蓄えておいた」と言って、餞別に毎回の買い直しで余った金を料理人に渡そうとしたというのです。料理人は心を動かされ、生涯お仕えしますと言って、ウィリアムズから洗礼を受け、日本最初の聖公会信徒になったという話です。こうした逸話は、初めの宣教師には多く残されています。彼らは福音を伝えるのに、その生活によって伝えたのです。

エフェソの信徒への手紙は教会とキリスト者の生活を築く使徒の勧告を語ります。そこで勧められたのは、「神の招きにふさわしく歩む」こと、そして特に「平和のきずなで結ばれて、霊による一致を保つように努めなさい」ということでした。この先さらに四章、五章、六章とエフェソの信徒への手紙の勧めは続きます。その真っ先に何が勧められたかということは重大でしょう。そのキーワードは「一致」（unity）です。「霊による一致」です。なぜ「一致」なのでしょうか。それは使徒の目の前の教会に何があったかということと関係しています。ヘレニズム世界の価値観も思想も分裂し、混乱した世界が目の前にありました。その中で信仰の弱りかけた教会とその信徒の群れがあったのです。今日の状態と似ている点もあるのではないでしょうか。試練に喘ぎ、困難の中で信仰を弱くした教会がありました。

私たちにもそうした問題はあるでしょう。そのうえでそれぞれの重荷や悩みがあります。不安が襲うこともあります。突如、健康の調子が狂うこともあります。そのとき使徒は「神の招きにふさわしく歩む」ように語り、その表現として「霊による一致を保つように努めなさい」と真っ先に勧告しました。霊による一致を「保つ」というのですから、一致を作り出せと言うわけではありません。「保つ」のは、すでに「一致」が与えられているからです。主イエスの贖いがあり、それまでばらばらであった者たちが一つの霊に結ばれて、父なる神に近づく交わりの中に入れられています。バプテスマによってそこに入れられ、霊の一致、教会的一致がすでに与えられています。「一致」というキーワードは、実は新約聖書でもこの手紙にしか出てこない独特な言葉で語られていると言われます。

一致は「霊による一致」ですから、神がその御力によって作り出し、与えてくださった一致であり、霊的な信仰と命の交わりです。それはまた教会の兄弟姉妹の和合でもあるでしょう。しかしただ人間が仲良くしているというレベルではなく、主キリストによって神が共にいてくださることによる一致であり、神に愛され、神と兄弟姉妹を愛する一つに結ばれた霊の交わりによる一致です。その霊の交わりの中の一致に私たちも入れられています。それが救われているということでしょう。この与えられた一致を保つ、それによって不安に立ち勝り、喜びの中に入れられます。それによって萎えた信仰も強められるのではないでしょうか。霊による一致の中で神の力にあずかるのですから。霊による一致に生きるならば、キリスト者として愛と喜びと力の中に置かれて、確信をもって生きることができます。

パウロはキリスト者が霊による一致を保ち、教会的一致に生きる中に、その時代の世界を救う鍵があると見ています。神が御子を遣わし、十字架にかかり復活したキリストにあって共にいてくださる一致、そして兄弟姉妹との教会的一致を与えてくださった、その一致です。それを保つように努めなさい。ただ「努めなさい」ではない。正確に訳せば、「保つように熱心に努めなさい」です。

こうしてパウロが、使徒的信仰に基づいて、その時代の教会とキリスト者が課題として直面している試練を深く見抜いて勧告したのは、「霊による一致」を保つように熱心に努めなさいということでした。これは現在の私たちの生活を支え導く勧告でもあると思うのです。私たちは今朝、全員が会堂に集まることができず、多くの兄弟姉妹がそれぞれ分散して家庭で礼拝にあずかっています。遠くにあって一人で礼拝している人もいるでしょう。しかし皆、神が主イエス・キリストによって作り出し、そして与えてくださった「霊による一致」にあずかっています。そしてそれを保つべく熱心に努めるようにと勧告されています。この勧告に従うとき、私たちは召しにふさわしく歩ませていただきます。神との交わりに基づく霊による一致に生かされ、教会の一致によってそれを具体的に経験させられます。私たちはそのとき弱くはありません。強くされています。

そのために一切高ぶることのないようにと使徒は勧告しています。「心を低くする」という言葉です。「謙遜」が初めて意味を持ったのは主イエス・キリストによってでした。「謙遜」という言葉はキリスト以前の古代ギリシアにおいては、何ら注目されない言葉でした。イエス・キリストによって謙遜の意味が一変したのです。主イエス御自身が、私たちの救いのために身を低くして十字架へと歩まれたからです。イエス・キリストのゆえに私たちも身を低くして、他の人を尊重します。他者を無関心に放置しません。私たち自身がキリストによって深く関心を持たれているからです。言うまでもなく謙遜は自分を卑屈にすることではありません。召しにふさわしく歩んで、神との一致の中に入れられ、兄弟姉妹との一致を保つことに熱心に努めるものです。

柔和で、寛容の心を持ちなさいとも勧められます。やはり、神が与えてくださった命と信仰の霊の一致を保つべく熱心に努めるためです。神がどれほど私たちに対して柔和で、寛容の心を示しておられることでしょうか。謙遜と柔和と寛容は、神との一致に生き、兄弟姉妹との交わりの一致に生きる生の姿です。その中に神の招きにふさわしく歩むことがいかに豊かな歩みであるかが現されています。

四章3－6節

神は唯一である

平和のきずなで結ばれて、霊による一致を保つように努めなさい。体は一つ、霊は一つです。それは、あなたがたが、一つの希望にあずかるようにと招かれているのと同じです。主は一人、信仰は一つ、洗礼は一つ、すべてのものの父である神は唯一であって、すべてのものの上にあり、すべてのものを通して働き、すべてのものの内におられます。

エフェソの信徒への手紙は、前半で福音を語り、後半はその福音による生活の勧告を語っていることはお話ししました。勧告の最初の言葉は「霊による一致を保つように努めなさい」という勧めでした。これは、熟慮の末の勧告の書き出しであったに違いありません。使徒的な指導者である著者は、当時の世界と人間の問題を見て、また教会の現状と課題を思いめぐらして、重大なのは「一致」を保つことに努めることだと判断し、そこから一連の勧告を書き始めようと思い定めたのでしょう。

「一致」は初めからこの手紙の重大な関心事でした。「霊による一致」というのは、「教会的一致」と言ってもよいものです。教会の内外に争いがあり、紛糾があった時代です。その中で、この手紙はキリストの十字架によってユダヤ人と異邦人が一体にされ、「一人の新しい人」にされたという福音を語ってきました。教会の一致が保たれることで、紛糾した世界に光が射します。教会の一致は世界の一致の鍵にされています。

「一致」という注目点は現代にも通じるのではないでしょうか。現代の世界の問題は、いろいろな「分断」にあると思われるからです。「格差」や「差別」が人々を引き裂くとも指摘されます。オリンピックを東京に招致した招致責任者が女性差別の発言をしたとして、それが日本の問題として世界の話題になりました。国と国、民族と民族の間にも分断は激しく生じます。人と人とが共にいるべきなのに、地域間にも世代間にも、そして家族の中にも分断が起き、争いが生じます。「一致」があったなら、どんなに平安で、喜びのある、また力に満ちた人生になれることでしょうか。「一致の勧告」を真っ先に語ったことは、この手紙がまさしく現代的な手紙であることを表していると言ってよいでしょう。

「一致を保つように努めなさい」と語るのは、一致がすでに与えられていることを前提にしています。与えられているからこそ、それを「保つように努めよ」と言うのです。私たちにも主イエスからすでに与えられている一致があります。なすべきことは、その一致を保つべく努めることです。

その時、手紙の著者は、一致をもたらし支える七つの根拠を掲げます。七つというのは、

「一つの体、一つの霊、一つの希望、一人の主、一つの信仰、一つのバプテスマ、そして唯一の神」の七つです。この七つの一つ一つに人と人とを一致させる神の力が働いています。初めの三つは、「一つの体、一つの霊、一つの希望」を言います。教会の一致を支え、一致を形作っている実在が語られます。私たちがどんなにばらばらに見えても、「一つの体、一つの霊、一つの希望」があります。誰もキリストの体が一つであることを引き裂くことはできません。御霊が一つであり、そして神の国とキリストの栄光の体に架けられた希望も一つです。続く三つは「一人の主、一つの信仰、一つのバプテスマ」です。キリスト者というのは、一つのバプテスマによって一人の主に結ばれ、一つの信仰に生きている人々のことです。そして最後に「唯一の神」が語られます。ただ唯一の神こそがまことの神です。唯一の神がすべての被造物の創造者であり、すべてのものの完成者です。唯一の神が「すべてのものの父」としておられるゆえに、教会の一致は世界万物の一致をもたらすことにもなるでしょう。

七つの言葉は、主語と述語による文章の構造をもって記されているわけではありません。と言いますのは、七つの言葉それぞれが主語として、その動詞が記されていないわけです。「体は一つ、霊は一つです」と訳すほかありませんが、実際には「一つの体、一つの霊」と記されていて、それがどうである、どうしたといった説明はありません。一人の主、一つの信仰、一つのバプテスマ、これも動詞による説明はありません。これらはみな、文章でなく、「一つの体」「一人の主」と言って、叫んでいると言ってよい書き方です。呼び声を挙げているわけです。歓呼の呼び声、喝采の叫びです。「霊の一致を保つように熱心に努めなさい」と言った後、「一つの体」「一つの霊」「一つの希望」と、歓呼と喝采の言葉が次々に七つ挙げられるのです。これらは喜びの連呼であり、勝利の叫びです。そういう仕方で、霊の一致がどこから来たか、何の賜物か、何によって、誰によって支えられているかが叫ばれているわけです。

一つの体は、主の体です。一つの霊は神の霊であることは言うまでもありません。一つの希望はどうでしょうか。誰でも希望を失わないことが、生きるうえでは大切だと言われます。場合によっては、何でもいいから夢を持つように、それぞれ自分なりの希望を持てと言われる場合さえあるでしょう。しかし、そう言われて何を希望したらよいのでしょうか。何か欲しいものを思い描いて、それを手にすることを希望と言えるでしょうか。そう言えるとしても、それで人と人とが一致し、教会の一致、世界の一致になれるでしょうか。希望は欲望とは違うはずです。欲望に執着することは、むしろ妬みや争いを引き起こし、分断を生み出すのではないでしょうか。ここでの「一つの希望」は「召命」によって希望の中に招き入れられている、その希望です。キリストにある者はみな召しを受け、「来るべき栄光」にあずかる希望を与えられています。キリストの再臨と共に神の国を受け継ぐ希望、そしてキリストの栄光ある体と同じ形に変えられる希望、教会はこの「一つの希望」で結ばれています。一つの体、一つの霊、そして一つの希望です。

一致の歓呼はさらに続きます。「主は一人、信仰は一つ、バプテスマは一つ」。これも「一人の主、一つの信仰、一つのバプテスマ」という歓呼です。たくさんの主がいるわけではありません。神から遣わされ、御自身の死をもって人の罪を贖い、罪に打ち勝ってくださった救い主は、主イエス・キリストお一人、一人の主です。それゆえまた信仰は一つです。信仰は何を信じてもよい、人の頭数だけ信仰はあるというのではありません。一人でいくつもの信仰に関わっているものでもありません。「一つの信仰」です。「あなたはキリスト、生ける神の子」と信じる信仰ただ一つです。その一つの信仰にキリスト者は加わることで、霊の一致にあずかっています。そしてバプテスマは一つです。多くの人がバプテスマを受けます。けれどみなそのバプテスマによって同じ主キリストのものとされ、主の死に入れられ、主キリストの体に加えられます。多くのバプテスマは結局一つのバプテスマであって、私たちをキリストに結び合わせ、一つの体にします。キリストの十字架の死は、多くの人のバプテスマを包括した巨大なバプテスマであったと言ってよいでしょう。

七つの連呼の頂点は最後に歓呼される唯一の神です。「すべてのものの父である神は唯一であって、すべてのものの上にある」と記されています。文字通りには「唯一の神にして万物の父」という歓呼の言葉です。そこに「すべての上に、すべてをとおし、すべての中に」と付加されています。神は唯一で、ただ唯一の神がおられる。それが「霊による一致を保つように努めなさい」という使徒的勧告の結びの言葉をなしています。神がただお一人だから、神にある一致を保つように努めなさいと言うのです。

神が唯一であるという真理を聞くとき、ある一人の神学者と彼が一九四〇年に書いた文章が思い起こされます。ヨーロッパ中が、ヒトラーの脅威におびえていた時代でした。その人は「神はただ一人であり、神のほかにそれと等しいものはない」と書き、そして「神はただ一人であるという真理に直面して、アドルフ・ヒトラーの第三帝国は滅びるだろう」と書きました。それから五年経って、ヒトラーの帝国は実際、滅びました。「神は唯一である」という真理は、およそ神でない者の尊大な支配を打ち砕く猛烈な真理です。

今朝、聖書は「神は唯一である」という恵みの真理がすべての人、そして万物を一つにすると語ります。神はただ一人であるという真理に直面して、人と人とを分断するもの、引き裂くものは滅びるでしょう。人と人とがどうしても折り合いがつかないとき、家族がバラバラになってしまうとき、世界がそれぞれ自国第一主義で分断されるとき、「神は唯一である」と言われます。その唯一の神が「すべての上に、すべてをとおし、すべての中に」あって唯一の神です。唯一の神は私たちを一つにします。私たちを主にあって一つにし、平和と喜びの中に生かし、力に充ち溢れさせてくださいます。「神は唯一」でいらっしゃるから、「霊の一致を保つように努めなさい」。

四章7－10節

一人一人に与えられている恵み

しかし、わたしたち一人一人に、キリストの賜物のはかりに従って、恵みが与えられています。そこで、

「高い所に昇るとき、捕らわれ人を連れて行き、
人々に賜物を分け与えられた」

と言われています。

「昇った」というのですから、低い所、地上に降りておられたのではないでしょうか。この降りて来られた方が、すべてのものを満たすために、もろもろの天よりも更に高く昇られたのです。

信仰生活において大切なことは何でしょうか。何が一番、何が二番と固定的に言うことはできませんが、私たちに「恵みが与えられている」、その確かさを失わないことが、今、とても大切なことに思えてなりません。コロナ感染の不安の中で、誰にとっても毎日の生活が試練です。しかもこの試練はまだまだ続くと言われます。そのうえで誰もがさらにそれぞれの別の事情や重荷を抱えています。若い方たちにも高齢者にもそれぞれの労苦があり、その上病に苦し

む人もいるでしょう。しかしどんな試練の中でも、キリスト者は「恵み」の中に生かされています。そう信じます。今朝は「恵みを与えられている」とはどういうことか、御言葉に聞きたいと思います。

エフェソの信徒への手紙四章7節にはこう記されています。「しかし、わたしたち一人一人に、キリストの賜物のはかりに従って、恵みが与えられています」。「恵み」はここでは「わたしたち一人一人に」与えられていると言われます。「しかし」と文頭にあるのは、その前に記されていることと違うことを言っているからでしょう。

前に記されていたのは、さまざまな勧告の最初の部分で「教会は一つの体」であり、その「一致を保つように努めなさい」ということでした。「主は一人、信仰は一つ、バプテスマは一つ、すべてのものの父である神は唯一であって」、あなたがたは一つの体、一つの霊、一つの希望にあずかっていると語られました。

しかし、「恵み」は、「わたしたち一人一人に」それぞれの形で注がれているというのです。教会という一つの体があるだけでなく、その中で一人一人に恵みが与えられています。教会の一致を保つことは、一人一人を無視した全体主義でも集団主義でもありません。教会には私たち一人一人、それぞれの個人がいます。いなくては教会ではないでしょう。恵みは「わたしたち一人一人」に与えられていると言うのです。

「与えられている」というのは、私たちが自分で恵みを造り出すのではないし、つかみ取るのでもないということでしょう。一人一人に恵みが与えられているのは、主イエス・キリストによってです。ですから、私たちそれぞれが、あれが欲しい、これが欲しい、これがなければ恵みじゃないというのでなく、キリストの愛と憐れみによって、私たちそれぞれに最も必要な恵みが現に与えられています。健康でなければ恵みはないでしょうか。世に言う幸せがなかったら恵みはないでしょうか。そうではありません。何があろうとなかろうと、私たち一人一人にキリスト御自身によって、その憐れみにより、恵みが与えられています。このことを今朝しっかりと心に刻もうではありませんか。

エフェソの信徒への手紙は、この恵みを教会の職務や奉仕の業とも結び合わせます。今朝の箇所の直後には、「ある人を使徒、ある人を預言者、ある人を福音宣教者、ある人を牧者、教師とされた」、そしてそれら教会の指導者たちは「聖なる者たち」、つまりすべての信徒、キリスト者たち皆が「奉仕の業に適した者とされ、キリストの体を造り上げていく」、そのために仕えると言われます。教会での役割や職務も恵みであり、しかも教会の指導者の奉仕の働きだけでなく、すべての信徒たちが奉仕の業に適した者へと備えられること、そしてキリストの体を造り上げていくこと、それが神の恵みだと言われます。

教会の中で役割を持っていることが分かりやすい人もいるでしょう。しかし特別な役割を持っていると思えない人も多くおられるのではないでしょうか。しかしどの一人にも恵みは与えられています。キリストの体が造り上げられるというのですが、キリストの体を造り上げるうえで特別な役割を持っていない人はいません。つまり、恵みを与えられていない人は教会の中に誰一人としていないわけです。どの人もキリストの体を造り上げるメンバーとして、欠けてはならないキリストの体の一部にされています。主の御身体の一部とされていることが、すでに主から賜わった恵みと言うべきでしょう。

私たちの中には弱く見える人もいます。見えるだけでなく、文字通り弱っている人もいるのではないでしょうか。自分にまったく自信を持てない人もいます。しかしキリスト者であるということは、イエス・キリストと結ばれ、主にある者とされ、主キリストの体の一部にされていることです。キリストの御身体の一部にされているのは、キリスト御自身をいただいていることでしょう。恵みは何がなくても、主イエス・キリスト御自身をいただいていることです。

こう受け取りますと、実に重大なキリストの恵みが私たち一人一人に与えられていることが明らかです。恵みはキリストの賜物であり、私たち皆がキリストの体の一部にされ、教会の中でなくてならないものにされていることです。それが恵みです。

さらに聖書は不思議な語り方をします。ここに旧約聖書から引用された言葉が記されます。詩編六八編からの引用ですが、それを用いて主イエスの「昇天」、そして「高挙」のことが語られます。主イエスは十字架に死なれ、葬られた方として復活し、天に昇られました。そのことをエフェソの信徒への手紙は「もろもろの天よりもさらに高く昇られた」と言い、それはイエス・キリストが「すべてのものを満たすため」であったと言うのです。主イエスは今、復活のキリストとして高く上げられています。神は絶大な働きをなさる力をキリストに働かせ、「キリストを死者の中から復活させ、天において御自分の右の座に着かせ、すべての支配、権威、勢力、主権の上に置き、……あらゆる名の上に置かれ」(エフェ一20－21)ました。

キリストの高挙、キリストの昇天、そこに示された力が「恵み」と関係があると言うのです。キリストが高挙されたのは、目的があってのことで、「すべてのものを満たすため」と言われます。これが、私たちに与えられている恵みと関係しています。高く挙げられたキリストがその絶大な力をもってすべてのものを満たす。「すべてのもの」というのですから、私たち自身も含まれています。主は、私たちを、それも私たちのすべてを満たしてくださいます。私たちのすべてを満たしてくださるのは、私たちのどんなときにも、主イエスがその御力をもって共にいてくださることを意味します。どんな事情の中でもキリストの恵み、キリストの愛と赦し、その勝利が私たちを満たします。キリストがご自身を恵みとして与え、その御力がどんな時にも私たちを一杯に満たす。その生けるキリストを身近に仰ぐ。それが恵みを与えられていることです。私たちがどんなときにもキリストに一杯に満たされ、キリストが私たちの中に充満する。私たちの中に一杯に満ちてくださるキリスト御自身がいることが恵みです。

そうであれば、いつ、どんなときにも、私たちは神の恵み、キリストの恵みを信じて、確信を持つことができるのではないでしょうか。自分の調子の良い時だけに恵みを確信するのではありません。どんなに調子の悪い時にも、キリストの恵みを確信することができます。なぜなら、その時にもキリストは私たちをすべてにおいて満たしてくださるからです。そのために主イエスは復活され、高く挙げられました。

神の恵み、つまり神の絶大な力によるキリストの恵みに満たされるなら、私たちはみな満ち足りることができるでしょう。神の恵みを確信して生きることは、今日生きる信仰の人生に満足して生きることです。外から見ると、不幸せに見える信仰生活があるかもしれません。いろいろな不足に喘いでいるように見えるかもしれません。しかしそう見えるとしても、事実は違います。死にかかっているようで、見よ、生きています。私たちの現実は、主イエス・キリストが私たちに御自身を恵みとしてお与えくださり、私たち自身を主の体の一部としてくださり、キリストの体である教会のなくてならない一部とし、神の民の不可欠な一員にしてくださっています。どんなときにもキリストが私たちの中に満ち満ちてくださっています。その恵みに生きる者として、主イエス・キリストに私たちは深く満足しています。主イエス・キリストに満足することによって、キリスト者とされた自分の人生にも満足しています。それがどんなときにも思い煩うのでなく、喜んで生きる力です。どんなときにも平安である根拠です。

四章11－13節

牧者や教師がなぜ必要か

そして、ある人を使徒、ある人を預言者、ある人を福音宣教者、ある人を牧者、教師とされたのです。こうして、聖なる者たちは奉仕の業に適した者とされ、キリストの体を造り上げてゆき、ついには、わたしたちは皆、神の子に対する信仰と知識において一つのものとなり、成熟した人間になり、キリストの満ちあふれる豊かさになるまで成長するのです。

現代人にとって重大な問題は何でしょうか。コロナ感染の脅威の中にあって、人命こそが最も重大という答えが返ってきます。それに対して、社会が活発に動いて経済が回ることも重大と言われます。しかしエフェソの信徒への手紙は、個人の命もまた社会の繁栄もさしおいて、重大なのは「教会とは何か」ということであり、真の教会が築かれることだと語っているように思われます。個人の救いも世界の救いも、救いは主イエス・キリストから来ます。救いがキリストから来るとき、教会が真に教会であること、そして教会がキリストの体として、その頭であるキリストを真に礼拝し、真に宣べ伝えることが重大になるのではないでしょうか。エフェソの信徒への手紙は、紀元一世紀末の混乱した世界の現実の中にあって、教会をとおして個人も世界も救いとその完成に至る道を語っています。

今朝の箇所は「そして、彼は与えた」という言葉から始まります。彼とは主イエス・キリスト、復活し、すべてのものを満たすために高く挙げられたキリストです。そのキリストが、ある人を使徒、ある人を預言者として与えてくださったと言います。今朝の箇所によれば、「教会とは何か」と問われる時、主イエス・キリストの働きがあって教会が成立したこと、そしてその中で主が教職者たちを与えてくださったことを思わないわけにいきません。

ここに五つの教職の名が挙げられています。使徒と預言者、それに福音宣教者、そして牧者と教師です。ここには例えば「長老」といった職名は出てきません。「監督」も出てきません。いわんや「教皇」といった教職名はないわけです。しかし高く挙げられたキリストが「使徒」と「預言者」、そして「福音宣教者」、それに「牧者」と「教師」を与えたと語られます。

「使徒」は主イエスの弟子たちであり、特に復活のキリストを目撃し、復活の主にお会いした証人たちです。しかもその中から復活者キリストを証言するために選ばれた人たちです。ですから、復活のキリストを証言する御言葉の宣教者と言ってよいでしょう。彼らは世に対しキリストを証言すべく主キリストによって遣わされました。次いで「預言者」です。「預言者」は、神から与えられた御言葉を語る特別な人ですが、ここでは旧約の預言者たちのことが意味されているわけではありません。初代教会の中で使徒に準じて、使徒と共に福音を語る「預言者」と呼ばれる人々がいました。それで、教会は「使徒と預言者という土台の上に建てられています」（二20）と語られます。「使徒」が復活の主を証言するために遣わされたように、「預言者」も使徒と共に一つの地域を越えて、世のどこにでも福音を語るべき人です。さらに「福音宣教者」と言われる人たちが挙げられます。彼らもどこにでも福音を伝える人々と思われます。それに対して「牧者」と「教師」とあります。この人々はそれぞれの地域の教会に身を置いて、その教会のために仕えた人たちのようです。彼らは、使徒と預言者が伝えた福音に基づきながら、それぞれの地域の教会に仕えて福音を語りました。

見落としてならないのは、これら教役者たちがキリストによって与えられたと言われていることです。そして彼らの働きが真の教会の形成のために献げられたことです。彼ら自身が彼らだけで、教会を形成したわけではありません。教会とは彼ら自身のことでもなければ、また彼らのものでもありません。彼らは「聖なる者たち」に仕えたのです。そのためにキリストが彼らを教会に与えました。「聖なる者たち」とは、すべてのキリスト者のことです。すべてのキリスト者が「奉仕の業に適した者とされるよう」に、そしてすべてのキリスト者が「キリストの体を造り上げていくよう」に、そのために使徒と預言者、そして福音宣教者は仕えるべく、主キリストによって与えられました。同じように牧者と教師も仕えるためです。そのために彼らはキリストによって教会に与えられたのです。

こうして真の教会とは何かが記され、牧者と教師の役割が記されます。聖なる者たち、つまりすべてのキリスト者、信徒たちが、奉仕の業に適した者とされ、キリストの体を築く。それが教会であり、そのために教役者は与えられたと言われます。

「キリストの体を築き上げる」ことは、すべてのキリスト者の使命と言ってもよいでしょう。そのためにはすべての信徒それぞれが奉仕の業に適した者にされなければなりません。キリストの体は、神に仕え、人々に仕える奉仕の体というわけです。そのために教役者たちは、使徒と預言者に基づきつつ、牧者、教師として仕えます。福音が語られるとき、聖徒たちが整えられます。そのようにしてキリストの体が築かれます。そのための教役者たちの奉仕がなければならないわけです。奉仕の根源は、主イエス・キリストにあります。主イエスの十字架、つまり主御自身の犠牲に優る奉仕はないのではないでしょうか。そして、復活し高く挙げられたキリストは、生ける主として今日も働き、聖徒たちを起こし、ある人を牧者、ある人を教師として立て、遣わしておられます。キリストの奉仕の業は続行しています。そのようにして向かっていく目標があるわけです。

13節の「ついには」という言葉が、その目標を示します。「ついには、わたしたちは皆、神の子に対する信仰と知識において一つのものとなり、成熟した人間になり、キリストの満ちあふれる豊かさになるまで成長するのです」と言われます。キリストの体が築かれることで、私たち皆が一つになり、神の御子イエス・キリストに対する信仰と知識において一つとされる。そのために牧者も教師も仕えると言うのです。御子キリストに対する信仰と知識において一つであることが教会として実現し、そして成熟した人間へと成長すると言われます。

今、礼拝において私たちは、復活し高く挙げられたキリストにつながれています。キリストの体の部分にされて、キリストの体を築き、その一員として救いにあずかっています。私たちの救いや完成は、教会なしにではありません。告げられた福音を聞くことによって、御子に対する信仰と知識において一つにされます。救いと完成は、キリストの体である教会と共に、その中にあって一つにされた民に与えられます。そうして真の教会がある中で、私たち一人一人の救いもあると言わなければならないでしょう。教会なしにキリストの救いに結ばれることはないでしょう。逆に、人々と世の救済に無関係な教会もないはずです。真の救いは真の教会と一つにつながっています。真の救いは、復活のキリストにあずかり、その命にあずかることだからです。それが永遠の命にあずかることであり、救いの完成にあずかることです。そして復活のキリストにあずかるのは、キリストの体である教会にあってのことでしょう。

キリスト者が長く病床にあるとき、何を願うでしょうか。皆と共に礼拝にあずかることを願うのではないでしょうか。病床にあっても聖餐にあずかることを願うでしょう。

詩編四二編の詩人は、涸れた谷に鹿が水を求めるように、神よ、わたしの魂はあなたを求めますと歌いました。「命の神に、わたしの魂は渇く」と歌い、「昼も夜も、わたしの糧は涙ばかり」とも歌いました。そして「お前の神はどこにいる」と絶え間なく問う人々がいると嘆きました。彼は死の病に侵されていたのだろうと思われます。しかし彼には思い起こすことがあり、それが彼を支えました。何を思い起こすのでしょうか。「喜び歌い感謝をささげる声の中を／祭りに集う人の群れと共に進み／神の家に入り、平伏したことを」と彼は歌います。礼拝に皆と共にあずかった。その経験を思い起こすことが、今、彼を涙の中で慰め、希望と平安の根拠になっています。

私たちの経験にもこれはあるでしょう。私たちも、真の教会の中でキリストに結ばれることによって、救いにあずかることができます。救いは真の教会と共にあり、教会の中で復活の主イエス・キリストに結ばれ、その体のなくてならない一部とされることです。真の教会がキリストの体として築かれるところ、神の子の信仰と知識において一つにされるところ、そこに私たちの救いとその完成も含まれています。世界の救済もそこにかかっているでしょう。そのためにキリストは、使徒や預言者と共に、牧者と教師を与えてくださるのです。

いったい、人間の救いはどこにあるか、世の救いはどこにあるかと問われるなら、教会がキリストの体として築かれる意味を厳粛に覚えなければならないでしょう。そのためにキリストが教役者を与えておられ、彼らが福音を告げる中で生けるキリストが今も働いておられ、その主とお会いできることを覚えて、感謝したいと思います。主キリストは、教会の中に教役者を立て、それを与え、その働きを用いて今も働き、世に救いを運んでおられます。

四章13－16節

キリストにあってもはや未熟な者でなく

ついには、わたしたちは皆、神の子に対する信仰と知識において一つのものとなり、成熟した人間になり、キリストの満ちあふれる豊かさになるまで成長するのです。こうして、わたしたちは、もはや未熟な者ではなくなり、人々を誤りに導こうとする悪賢い人間の、風のように変わりやすい教えに、もてあそばれたり、引き回されたりすることなく、むしろ、愛に根ざして真理を語り、あらゆる面で、頭であるキリストに向かって成長していきます。キリストにより、体全体は、あらゆる節々が補い合うことによってしっかり組み合わされ、結び合わされて、おのおのの部分は分に応じて働いて体を成長させ、自ら愛によって造り上げられてゆくのです。

子供は大人に成長します。成長は誰にでもあって、皆その人なりに成長すると言ってもよいでしょう。しかし信仰はどうでしょうか。他のことはどうあれ、信仰こそ成長してほしいと思うのですが、自分自身の信仰生活を振り返ってみて、成長がないと嘆かわしく思うこともあるのではないでしょうか。かえって初めて信仰に入った頃の新鮮さや熱意が今では失われていると感じる場合もあるでしょう。信仰が成長し、キリスト者として成熟するということは、誰にでも言えることなのでしょうか。

13節に「成熟した人間になる」という表現が出てきます。「わたしたちは皆、神の子に対する信仰と知識において一つのものとなり、成熟した人間になり、キリストの満ちあふれる豊かさになるまで成長するのです」と言われます。「成熟した人間」という言葉は、「完全な人」とも訳せる言葉です。「完全な人」と言えば、ジョン・ウェスレーが生涯語り続けた「キリスト者の完全」という言葉も思い出されます。ウェスレーは私たちキリスト者は死後になってでなく、今この地上の人生の中で「キリスト者の完全」を生きると主張しました。率直に言って、私たちは未熟な面の多い者たちです。その私たちがキリスト者として、どうして成長や成熟、さらには完全を語ることができるのでしょうか。

聖書は「わたしたちは、もはや未熟な者ではない」と言います。かつて未熟であったとしても、今は変えられ、成熟した人、完全な人へと成長すると言われます。キリスト者にされたということは、未熟な人から完全な人へと成熟し、成長する者にされたことになります。

未熟な人と完全な人の相違がいくつかの表現で語られています。未熟な人は「人々を誤りに導こうとする悪賢い人間の、風のように変わりやすい教えに、もてあそばれたり、引き回されたりする」とあります。「変わりやすい風にもてあそばれる」というのは、当時の船旅の経験を踏まえた語り方だと言われます。当時は誰も皆、風にもてあそばれる危険な船旅を知っていました。船は小さな帆船でしたから、いつでも岸に沿って、沿岸ルートを進みました。しかし風向きがたちまち変わって、陸から遠く流されたり、そのあげく座礁したり、時には沈没したりということもあって、まことに危険で頼りないものでした。その一端は、使徒言行録のパウロの伝道旅行に出てきます。未熟な人の人生は、そうした風頼みの危険な船旅同然と言うわけです。私たちも変わりやすい風にもてあそばれていないでしょうか。

ここにはまた「サイコロ遊び」という言葉も用いられています。私たちの聖書の訳では訳されず隠れたままですが、「人々を誤りに導こうとする」という言葉は、「人間のサイコロ遊びによる」と訳せます。未熟な者が誤りに導かれるのは「サイコロ遊び」のたぐいの運任せであったり、気まぐれであったりで、あやふやな状態と言うわけです。その上、「悪賢い人間」とあります。ただ変わりやすい風にもてあそばれ、サイコロの偶然任せの無責任さだけでなく、背後には人間をだます悪意や、狡猾さが働いていて、危険極まりなく、未熟な者はその狡猾な悪賢さの餌食になると言うのです。

しかしキリスト者であれば、もはや未熟な者ではないと聖書は言います。キリストの体の一部にされ、神の御子に対する信仰と知識において一つにされた人は、成熟した人間になっているのであって、キリストの満ち溢れる豊かさに至るまで成長すると言われます。そこで未熟な者とは違った成熟した人間のあり様が二つの文章で語られます。

一つは、「むしろ、愛に根ざして真理を語り、あらゆる面で、頭であるキリストに向かって成長していきます」と言われます。「愛にあって真理を語る」。よく知られたこの言葉は「キリスト者の完全」を語るこの箇所に出てくるのです。主イエスは「あなたがたの天の父が完全であられるように、あなたがたも完全な者となりなさい」（マタ五48）と言われました。それは隣人を愛するようにと言い、「敵を愛しなさい」と言われた文脈で語られました。キリスト者の完全は、あらゆる意味で完全無欠で、何でもできる全能の人間だと言っているわけではありません。そうでなく、愛にあって真理を証しする者であることを語っています。愛において主イエスに倣う者と言ってもよいでしょう。主に愛されているゆえに愛する者とされる。そして主の愛に倣いつつ、真理そのものである主イエス・キリストを証しする。その人はもう未熟な者ではありません。キリスト者の完全を生きています。

キリスト者の完全を語るもう一つの文章は、「あらゆる面で、頭であるキリストに向かって成長していく」と言われます。文字通りには、「あらゆる面であの方に向かって成長していく、頭である方、キリストに向かって」と記されています。愛にあって真理を証言する人は、真理そのものであるキリストに向かって成長する人です。その人は嵐に翻弄される不安な人生を生きるのではないし、サイコロ遊びの運任せや悪の狡猾さに引き回されることから解き放たれています。

「キリストに向かって成長する」。「成長していきます」と繰り返されます。その語り口は、ことはもう定まっているという書き方です。キリスト者の成長は神の御計画の中にあり、成長させる力は神から来ます。成長するのはあなた自身だ、だから自分で頑張れとは言われません。成長の力がどこから来るか。今朝の聖書の箇所はそれを詳しく語っているわけではありません。しかしそれが明らかに読み取れる仕方で語っています。私たちの成長する力は「頭」であるキリストから来ます。頭であるキリストに向かって成長していくのは、頭であるキリストから成長する力が来るからです。それで、この段落の最後には「関節」の話が出てきます。「キリストにより、体全体は、あらゆる節々が補い合うことによってしっかり組み合わされ、結び合わされて、おのおのの部分は……体を成長させ、自ら愛によって造り上げられてゆくのです」とあります。「節々」つまり「関節」によって他の部分と結び合わされ、体を形成し、そこに成長する力が働くと言うのです。

古代の世界にはそれなりの身体理解がありました。それによると「関節」は特別な機能を持っていると思われていました。そう指摘する研究者がいます。体の「節々」は、ただ個々の部分、腕や手、あるいは足と腰をつなぐだけのものでなく、頭からの刺激と成長の力をそれぞれの肢体に伝える器官であると考えられていたと言うのです。成長のためにキリストはそれぞれの部分をつなぐ「節々」、つまり「関節」を用いて、それをとおしてそれぞれの部分に成長する力を送り、体全体を維持しつつ、一つ一つの部分を体全体と合わせて成長させてくださる、と言うのです。キリストに結ばれ、教会の一致の中にいることが、キリストからの成長の力を受け取ることになります。ですから「キリスト者の完全」は、主イエス・キリストにあって、キリストと結ばれ、教会と共にあることによると言うべきでしょう。

キリストに結ばれているのは、洗礼により、また御言葉を聞くことにより、心からの祈りにより、そして聖餐にあずかることによるでしょう。私たちは生ける復活のキリストに結ばれています。このことが信じられ、霊的な経験にもなり、喜びにもならなければならないでしょう。それが口にも言葉にも言い表せない喜びになった時、キリストから送られてくる成長の力が生き生きと分かるのではないでしょうか。このキリスト者の成長は、教会の成長と共にもたらされます。キリストにあるならば、もはや未熟な者ではありません。キリストに向かって成長する人にされています。主イエス・キリストに結ばれている中で、キリスト者の完全はすでに始まっています。キリストにある者とされ、頭であるキリストから来る成長の力を受けています。このことを感謝して、日々の歩みを進めたいと思います。

四章17－24節

人生の岐路をなすキリスト

そこで、わたしは主によって強く勧めます。もはや、異邦人と同じように歩んではなりません。彼らは愚かな考えに従って歩み、知性は暗くなり、彼らの中にある無知とその心のかたくなさのために、神の命から遠く離れています。そして、無感覚になって放縦な生活をし、あらゆるふしだらな行いにふけってとどまるところを知りません。しかし、あなたがたは、キリストをこのように学んだのではありません。キリストについて聞き、キリストに結ばれて教えられ、真理がイエスの内にあるとおりに学んだはずです。だから、以前のような生き方をして情欲に迷わされ、滅びに向かっている古い人を脱ぎ捨て、心の底から新たにされて、神にかたどって造られた新しい人を身に着け、真理に基づいた正しく清い生活を送るようにしなければなりません。

キリスト教信仰は主イエス・キリストを信じる信仰ですが、その信仰にはただ信じることだけでなく、新しい生活も与えられます。主キリストを信じることによって生じる新しい生活とは何でしょうか。今朝の聖書の箇所は、その内容を「もはや、異邦人と同じように歩んではなりません」という言葉で表しています。歩み方が違ってくると言うのです。

パウロは、この新しい生活の勧めを「そこで、わたしは主によって強く勧めます」という言葉から始めています。ただ「勧める」だけではありません。「強く勧めます」と訳されています。ここには「言う」という言葉と「懇願する」という二つの言葉が重ねて使用されていて、「このように語り、懇願します」と言うのです。強く懇願されれば、誰も聞き流すことはできないでしょう。キリスト信仰の生活が新しい生活であって、これまでの古い生活とは違うことは、聞き流すことのできない信仰の真理です。

それでは「違う」と言われた、それまでの古い生活、つまり異邦人の生活とはどういうものだったのでしょうか。それが、いくつかのキーワードによって語られています。例えば、それは「愚かな考え」に従って歩む生活だったと言われ、「知性」は暗く、「無知」とさえ言われます。実際には異邦人であるギリシア人こそ熱心に知恵を求める人たちでした。パウロもそれをよく知っていて、「ギリシア人は知恵を求める」（一コリ一22）と記したことがあります。

かつてのギリシア人はまさに「知恵」を求めて、「愛智」（フィロソフィア）、つまり「哲学」を生み出した人々でした。彼らが求めた知は、本来なら光輝くもので、光によって人々を導くと考えられました。しかしその「知性」は暗くなり、「彼らの中にあるのは無知」とさえここでは言われます。それに「心のかたくなさ」があると言われ、「神の命から遠く離れている」と言われます。「かたくなな心」は、どんなことについても自分を中心にして、自分を立てようとする頑固な心でしょう。その結果は、神の命から遠く離れることになると言うのです。「知性の暗さ」と「心のかたくなさ」が語られた後、さらに「放縦な生活」や「ふしだらな行為」が指摘されます。「知性」と「心」のあり方から、道徳の腐敗に及ぶというわけです。そこにあるのは自分にしがみつく姿で、結果は「神の命から遠く離れる」ことになり、神の命から遠く離れれば、知性は暗くなり、それでも心をかたくなに自己中心に生きるならば、「無感覚になって放縦な生活をし、あらゆるふしだらな行いにふけってとどまるところを知らない」（19節）状態にもなると言われます。その歩みはとどまるところを知らず、聖書はその歩みを「情欲に迷わされ、滅びに向かっている」（22節）と記します。

聖書は決して他人事《ひとごと》を語っているわけではありません。異邦人的歩みの人、そこに留まっている人の状態を受け止め、それがあなたがたの歩みであったと言い、しかし今は、もう異邦人と同じように歩んではなりませんと言うのです。あなたがたも以前はそうだった。「滅びに向かっている古い人」だった。しかし今は違います。今はその歩みにいない。なぜそう言えるのでしょうか。理由は、20節に語られています。ですから、ここが重大です。ここに人生の岐路があると記されているわけです。

その人生の岐路を語っている20節の文章は、「しかし、あなたがたは、キリストをこのように学んだのではありません」という言葉です。決定的な岐路をなすのは「キリストを学んだ」ことです。「異邦人と同じように歩んではなりません」。それは異邦人を軽蔑せよとか、異邦人を排斥せよという話ではないのです。そうでなく、滅びに向かって行ってはならないということです。なぜかと言えば、そのようにキリストを学んだのではないからです。キリストを学んだことが信仰者の決め手です。学んだとは、知っていること、しかもよく知っていることです。キリストを学んだこと、キリストをよく知っていることが、私たちの以前と今、古い人と新しい人を分かちます。

それでは私たちは、キリストをどう学び、どう知ったのでしょうか。これが今朝、心に留めるべき決定的なことでしょう。ある聖書翻訳はこの箇所を「キリストに学ぶ」と訳しています。「キリストに学ぶ」というのは、キリストに何かを学ぶことでしょう。生活のあり方をキリストに学ぶというのでしょうか。しかし聖書は何か別のことを学ぶと語っていません。そうでなく「キリスト御自身を学んだ」と語っています。続いて「キリストを聞く」とあります。私たちの聖書には「キリストについて聞き」とあって、キリストについて何事かを聞くかのような間接的な翻訳になっています。これは残念ながら適切ではないでしょう。キリストについてでなく、「キリスト御自身を聞く」のです。主イエスの声を聞くかのごとくにキリストを聞くのです。それは生けるキリストが御自身、語ってくださるからで、そのキリストを学び、そのキリストを聞く。この率直なキリストの学びに、さらにキリストにあって教えられた、それも真理がイエスにあるとおりに、と続きます。イエスに真理があるとおりに、イエスにある真理、真理そのものであるキリストを学び、キリストを聞き、キリストにあってキリストを教えられた。それがキリスト者として新しい人に生かされることだと言うのです。

私たちは本当にキリストを学び、キリストを聞き、キリストにあって真理そのものであるキリストを教えられているでしょうか。説教の使命はまさにここにあるに違いないでしょう。キリストを学び、キリストを聞き、そしてキリストにあって真理であるキリスト御自身を教えられる、そういう説教をしてきたかと、私は自問しなければなりません。

宗教改革者マルティン・ルターが語った言葉が、思い出されます。彼は、「キリストを持つ」とさえ言いました。他の何かを持つのではありません。本当に「キリストを学び、キリストを聞く」なら、「キリストを持つ」に至るというのです。ほかのものでは何を持っても仕方のないことです。キリストを持たなければなりません。そしてこう言いました。「キリストが神であり、人であることを知っても、それではまだあなたはキリストを持ったことにならない。この最も清く、全く汚れのない方が、父なる神によってあなたに与えられ、あなたの大祭司、贖い主、いやあなたの僕となられたということを信じるとき、あなたは本当に彼を持つのである」と。

私たちはキリストを学び、キリストを聞き、キリストにあって真理を教えられます。イエス・キリストは私たちの罪のために十字架に死なれ、そして復活し、今日も共にいてくださいます。あえて言いますが、キリストは今日も、私たちに僕として仕えてくださっています。この方を学び、この方御自身を聞き、この方にあってこの方を教えられます。そのとき、私たちはもはや、滅びに向かっている古い人ではなくなっています。滅びに向かう古い人であるはずはもはやありません。神から遠く離れているはずはもはやなく、心の底から新しくされ、神にかたどって造られた新しい人を生きるのではないでしょうか。

「キリストに結ばれて教えられ」は、「キリストにおいて教えられ」という言葉です。「キリストにおいて」とは、「キリストの中で」「キリストにあって」ということで、「洗礼」（バプテスマ）を意味しています。「洗礼」によってキリストの中に入れられ、キリストと共に死ぬ。それが「キリストにあって」です。「キリストにあって」は、またキリストの復活の命にあずかって生かされることを意味します。洗礼によってキリストの死に入れられ、その甦りの体の一部として生かされる。それが古い人を脱いで、「新しい人を身に着ける」ことです。「キリストにある」者とされて、キリストを知らなかった生活に戻るはずはありません。

「キリストにあって」ということが「洗礼」を受けたことを意味するなら、「キリストにあって教えられる」というのは、キリストの学校にいる生活でしょう。それが教会の生活です。キリストにあって教えられ、キリストから離れることのない命を歩みます。キリストに愛され、仕えられ、さらに深くキリストを聞き、学び、教えられつつ歩みます。

言うまでもなく、この歩みも地上ではやがて終わります。私たちも死を迎えるからです。しかしそれは、滅びに向かうことではありません。キリストにある死は断じて滅びではないからです。キリストと共に神の命に生かされ、栄光のキリストにあずかる歩みだからです。死を越えた真の命の歩みです。キリストにある歩みをどこまでも歩んでいきたいと思います。

四章25－32節

新しい生き方とその根拠

だから、偽りを捨て、それぞれ隣人に対して真実を語りなさい。わたしたちは、互いに体の一部なのです。怒ることがあっても、罪を犯してはなりません。日が暮れるまで怒ったままでいてはいけません。悪魔にすきを与えてはなりません。盗みを働いていた者は、今からは盗んではいけません。むしろ、労苦して自分の手で正当な収入を得、困っている人々に分け与えるようにしなさい。悪い言葉を一切口にしてはなりません。ただ、聞く人に恵みが与えられるように、その人を造り上げるのに役立つ言葉を、必要に応じて語りなさい。神の聖霊を悲しませてはいけません。あなたがたは、聖霊により、贖いの日に対して保証されているのです。無慈悲、憤り、怒り、わめき、そしりなどすべてを、一切の悪意と一緒に捨てなさい。互いに親切にし、憐れみの心で接し、神がキリストによってあなたがたを赦してくださったように、赦し合いなさい。

人間は誰でも他の人と共に生きています。人間相互の関係の中で倫理的生活を生きているとも言えるでしょう。しかしキリスト者はもっと根本のところで神と共にある生活をしています。

キリスト者とされ、救いにあずかったことは、キリストにある神との生活を与えられたことですが、それは人々との生活の中にも新しい生き方として現れるでしょう。今朝の聖書箇所はそういうキリスト者の新しい生き方を語っています。

新しい生活は四つの言葉で語られます。「偽りを捨てる」、「日が暮れるまで怒ったままでいない」、「盗みをしない」、「悪い言葉を口にしない」という四つの表現です。一見して、特段、新しい生き方というほどのものではないと思われるかもしれません。どこででも語られる道徳的なあり方が、統一性もなく、ただ思いつくままに挙げられているようにも見えます。

しかし、これらの生き方がどういう根拠から語られているかが合わせて語られており、そこに注目すると、まぎれもなく新しい生き方が語られていることが分かります。まず「偽りを捨て」と言われます。「捨てる」は「脱ぎ捨てる」ことです。直前の22節には「滅びに向かっている古い人を脱ぎ捨て」とありました。その「脱ぎ捨て」と同じ言葉ですから、「嘘を脱ぎ捨てる」とも訳せるでしょう。「脱ぎ捨てる」という表現は明らかに洗礼と結びついています。キリストにあって洗礼を受けるとき、古い人を脱ぎ、新しい人を着て、神の命に生かされます。それが新しい生き方の根拠になって、そこから隣人に対して嘘をつくことを捨て、真実を語る者とされるのです。

そしてさらにその理由として「互いに体の一部なのです」と続きます。洗礼によってキリストの体に加えられ、互いにキリストの体の一部にされました。それが教会生活の根本です。そこから新しい生き方が語られているわけです。もちろん嘘をつかず、真実を語るのは教会の中だけのことではありません。誰に対してもそうあるべき新しい生き方を表現しているでしょう。しかしその根拠はキリストの真実にあり、教会生活の中に具体化されています。そこから、世界のどこにあってもキリストを着た人の新しい生き方として嘘のない生活が語られるわけです。

「盗んではいけない」という言葉も、同じキリストにある根拠から発せられています。「盗みを働いていた者は、今からは盗んではいけません」と言われると、エフェソの教会にはかつて盗賊だった人がいたのかと思われるかもしれません。しかしそういうことが言われているというよりも、この聖書が記された時代、労働は一般に奴隷の仕事と考えられていました。できるなら人に働かせて自分は働かないことが価値ある生活とされていたわけです。それを戒めて、キリストにある新しい生き方は、自ら働くことによって正当な収入を得る生き方であると語られました。福音が伝えられるところどこででも、労働の意味や労働の尊さが伝えられました。しかし聖書は、労働によってただ正当な収入を得るだけを語ったわけではありません。それを困っている人に分け与え、他者に仕える生き方が新しい生き方として語られました。他者のために仕える労働は、人類がなお福音から、つまり根本的にはキリスト御自身から学ばなければならない新しい生き方です。

四つの言葉の中に、「怒り」についての警告があります。怒ることが頭から否定されているわけではありません。しかし怒りを無制限にいつまでも続けてはならない。怒ることには、それがたとえ正義の怒りであるとしても、罪を犯す危険があると見られています。怒りは悪魔につけ込まれる機会になる。だから怒りの時間を短くするようにと言われます。「太陽があなたの怒りの上に沈むことがないように」と書かれています。陽が沈むことでその日一日が終わります。そしてそれとともに、そこから新しい一日が始まります。怒ったままでその日を終え、怒りの中で次の日を始めることがないように、「宵越しの怒り」を持ってはならないと言うのです。

使徒は、怒ることの危険をよほど気にかけていたと思われます。というのは、この段落に怒りを戒める言葉が二度出てくるからです。二度目は31節です。捨てるべきことが五つの言葉で語られ、怒りはその真ん中に出てきます。「無慈悲、憤り、怒り、わめき、そしり」、それに「悪意」が絡まっています。真ん中の「怒り」に向かって「無慈悲」があり、「憤り」があります。それらが「怒り」に高まり、その怒りが外へ爆発するのが「わめき」、そして「そしり」です。その怒りを捨てるように、一切の敵意と共に怒りを捨てよ。使徒的な教会のリーダーがそこまで怒りを警戒したのは、それが教会の現実的脅威であったからではないでしょうか。教会同士の間にも、あるいは一つの教会の内部にも、不一致や争いがあって、その根源に「怒り」の炎が燃えている現実をパウロは見ていたのだと思われます。

「怒り」は現代の私たちの生活の中でもきわめて現実的な問題です。コロナ感染が繰り返すだけでなく、いよいよ拡大してきました。誰もが政府の無能ぶりを怒っています。また怒りは世代間にもあります。人と人とが分断され、あちらこちらに怒りが渦巻く時代に、私たちは生きているのではないでしょうか。しかし聖書は、日が暮れるまで怒っていてはならないと言います。憤りも怒りも一切の悪意と共に捨てなさいと言うのです。

怒りを捨てることが、人間にできるでしょうか。使徒的リーダーは、できると語っています。そして「赦し合いなさい」と語ります。それはほかならぬ「神がキリストによってあなたがたを赦してくださった」からです。神があなたがたを赦してくださったように、赦し合いなさいと言います。私たちは本当は、自分が怒るよりも、むしろ神の怒りを受けるはずの者です。しかし神は、その私たちをキリストによって赦してくださいました。そこに私たちが怒りに悩まされず、新しく生きることのできる根拠があります。キリストによる神の赦しの中で赦された者として生き、そして互いに赦し合うことができると言うのです。

これはキリスト者であれば誰もが言う「きれいごと」のように思われてはならないでしょう。「神がキリストにあって赦してくださった」というのは、お定まりのことでも、きれいごとでもありません。とおり一遍の教科書的な文言ではありません。そうでなく、それはおよそあり得ないことが起きた前代未聞の奇跡です。もし「神の赦し」がきれいごとに過ぎないとしたら、私たち人間は罪の現実から離れられず、古い人として滅びるほかはないでしょう。あるいは互いに怒りに燃えて破壊し合い、ついには自暴自棄の自滅になるほかはないでしょう。しかし、ゴルゴタの丘で十字架の死によって主キリストによる犠牲がささげられました。神はそれを私たちの罪のための身代わりとなさいました。その甚大な苦痛と激烈な死の事実が、罪に対する神の憐れみの処置となりました。それによって神の赦しの真実が事実になったのです。この事実は、今日の私たちを規定している事実でもあります。

主イエスの十字架の死は、過去に起きた出来事ですが、ただ過去のこととして過ぎ去ってしまわず、神がそれを私たちの罪の贖いとして受け止めてくださったことにより、また復活者キリストによって私たちがその死の中に入れられることにより、キリストの激烈な死は、今日の事実として神の赦しの力を発揮します。十字架にかかり復活したキリストが今日共にいてくださるとき、主の十字架は私たちの今日の現実です。復活者キリストの十字架により、今日も神の赦しの効力が発動され、私たちは新しく生かされます。

主イエス・キリストの十字架の死は、私たちの今日が成り立つ根本の土台です。それゆえ私たちは不断にそこに立ち帰るべきでしょう。主イエス・キリストの十字架は、日に何度でもそこに立ち帰り、そしてそこから生き直すことのできる神の憐れみの現実です。だから、その上に立って、あなたがたも赦し合いなさいと言われます。「日が暮れるまで怒ったままでいてはならない」と言われます。私たち自身が今日も、神の赦しの中で生かされているからです。ですから、神の赦しによるこの命を、新しい生き方で生きようではありませんか。

五章1－5節

神に倣う者となりなさい

あなたがたは神に愛されている子供ですから、神に倣う者となりなさい。キリストがわたしたちを愛して、御自分を香りのよい供え物、つまり、いけにえとしてわたしたちのために神に献げてくださったように、あなたがたも愛によって歩みなさい。あなたがたの間では、聖なる者にふさわしく、みだらなことやいろいろの汚れたこと、あるいは貪欲なことを口にしてはなりません。卑わいな言葉や愚かな話、下品な冗談もふさわしいものではありません。それよりも、感謝を表しなさい。すべてみだらな者、汚れた者、また貪欲な者、つまり、偶像礼拝者は、キリストと神との国を受け継ぐことはできません。このことをよくわきまえなさい。

聖書には驚くべきことが記されているときがあります。私たちの日常的な想定を遥かに超えたことが語られます。今朝の箇所もそうではないでしょうか。ここにはなんと、「神に倣う者になりなさい」と記されています。「神に倣う」。そんなことがあり得るでしょうか。「神に倣う」とはどういうことでしょうか。いったい、誰が神に倣えるでしょうか。神は唯一です。全能であり、万軍の主です。天地万物を無から造り出した創造者であられ、あらゆる被造物を超越した聖なる栄光の主です。誰も神に近づける人はいないのです。

「神に倣え」という言葉は、聖書の中でもここだけに出てくる言葉です。ですが「倣う」という言葉は多く出てきて、「キリストに倣う」という箇所もあれば、使徒が「わたしに倣う者になりなさい」（一コリ一一1）と記している箇所もあります。主イエス御自身、「わたしについて来なさい」と言われ、「天の父が完全であるように、完全なものになりなさい」（マタ五48）とおっしゃいました。聖書のそうした箇所は、結局のところ「神に倣う」という今朝の表現に収斂していくと言ってよいでしょう。

『キリストに倣いて』（イミタチオ・クリスチ）という書物があります。宗教改革より前の時代に記された書物ですが、プロテスタント教会の中でもよく知られ、親しみをもって読まれてきました。最近はそれほど読まれなくなったかもしれませんが、今朝の御言葉からしますと、これからも読み継がれてよい書物と思われます。「キリストに倣い」、そして「神に倣う」。これはキリスト教信仰の真実を語っており、これを失っては真のキリスト教信仰でなくなるのではないかと思われるからです。

それでは「神に倣え」とはどういうことでしょう。神を信じるだけでなくて、神を模倣しなければならないと言うのでしょうか。私たちは神を信じ、その救いを信じます。正直に言って、それ以外に何の取柄もない私たちと言ってよいでしょう。私たちは罪の者であり、ただ神を信じるだけの者と言ってもよいと思うのです。それではいけないのでしょうか。聖書は「あなたがたは神に愛されている子供ですから、神に倣いなさい」と言います。「神に倣いなさい」は、信じているだけではだめで、神に倣えと言っているのではありません。そうでなく、神を信じるなら、私たち自身は「神に愛されている子供」だというのです。そうであれば当然「神に倣いなさい」と言われます。神を信じるとは、天の父を信じるのであり、「神に愛されている子供」とされたことを受け入れることです。それが神の救いを信じることでもあります。そう信じ、受け入れる中には、神に倣うことも含まれているのではないでしょうか。

そうしますと「神に倣いなさい」という勧告は、実は驚くべきことではなくて、むしろ理由のある当然のことと言えるでしょう。驚くべきことは、むしろ神に倣う理由が与えられていることの方です。「あなたがたは神に愛されている子供ですから」と言われます。このことにむしろとんでもない驚きがあるべきではないでしょうか。ただ「あなたがたは神の子」と言われているだけではありません。「神に愛されている子供」と言われ、「子供」は大人になった「子」と違って、「小さな子供」を意味します。神の前にあってあなたがたは、神に愛されている小さな子供だと言うのです。私たちが神に愛されている小さな子供とされていることが、神からの救いです。

救いの表現は聖書にはいろいろあります。罪を赦されて義とされるということがそうですし、聖なる者とされることもそうです。神の命に入れられることも救いです。それらに代えて、今朝の聖書は「神に愛された小さな子供」とされていると語ります。ここには義とされることも、聖化されることも、命に生かされることも含まれるでしょう。しかしもっとも根本的なこととして神から愛されているという事実があります。無条件で神から愛され、愛された子供にされました。そのような神の愛にある子供はその愛の中に生きるでしょう。神に愛されるままに神と人とを愛する者として生きるでしょう。それが「神に倣う」と言われているわけです。

「神に倣う」のは、全能者や創造者になる話ではありません。何か偉大な神業と言われるようなことをする話でもなく、「神に愛された子供」のままに生きること、愛の中に愛によって生きることです。

2節には、「キリストがわたしたちを愛して、御自分を香りのよい供え物、つまり、いけにえとしてわたしたちのために神に献げてくださった」とあり、「そのように」「あなたがたも愛によって歩みなさい」と言われます。「そのように」は「それだから」とも訳せます。「神に愛された子供」に対応して「キリストがわたしたちを愛して、御自分を香りのよい供え物、つまり、いけにえとしてわたしたちのために神に献げてくださった」と言われます。それだから「神に倣う者となりなさい」に対応して、「愛によって歩みなさい」と言われます。神に倣うのは、愛によって歩むこと、それ以外のことではありません。

「神に愛されている」ことは、神によって神の愛する子供とされたことです。そのために神は独り子さえも惜しむことなくお与えになりました。神は、独り子さえも惜しむことのない愛を持ちつつ、今日もわたしたちの父である神でいてくださいます。それと同時に、御子主イエス・キリストは、御自分を犠牲としてお献げになっています。神の愛はですから、主イエスの出来事の中に「二重の仕方」で具体的に遂行されています。私たちのために独り子さえ惜しまずお与えくださった父なる神の贈与の愛と、御自身を献げてくださった御子キリストの犠牲の愛の二重の仕方です。神の二重の愛が、私たちに今日の命を与え、新しい歩みを支えます。神から愛された子供としてその二重の愛の事実のままに生かされよと言われます。それが「神に倣いなさい」ということです。

どんなに豊かに愛された子供であるか、どれほどの犠牲がそのためにかけられたか、それはその結果、愛された子供がどれだけ他の人を愛する者にされたかによって表されるでしょう。神に愛されている子供とされた者は、愛された分だけ愛にあって神に倣う。それがキリスト者というものでしょう。

神に倣うこの歩みは、原始教会では直ちに二つの道と決別しました。一つは性的な不道徳との決別、もう一つは貪欲との決別です。性的な不道徳も、際限のない貪欲も、当時の社会と人々を悩ませた問題でした。現代の社会もこれに悩まされているのではないでしょうか。多くの人がこの問題に苦しみ、自分と周りの人を苦しませています。性的な不道徳によって家族が破壊されるだけでなく、一つの国が滅びるとさえ言われます。際限のない貪欲で滅びる社会もあるでしょう。これは現代にとっても警告です。性的な不道徳にも際限のない貪欲にも人を本当に生かす愛はないのです。それらは、偶像礼拝と言われます。なぜ性的な不道徳や際限のない貪欲が偶像礼拝なのでしょうか。神でないものに支配されている状態だからでしょう。

人類はいつでも真の神を神とする礼拝問題を抱えていると言ってよいでしょう。偶像礼拝では人類の救いになりません。偶像礼拝には人を生かす本当の愛はないからです。聖なる神の愛とキリストの自己犠牲によって愛され、命を与えられた者たちは、偶像礼拝でなく、真実の礼拝に生きるのではないでしょうか。神に愛された子供とされて、その喜びと自由に生き、感謝に歩むことができます。この神の救いの中に現代人の生きる可能性が開かれるでしょう。だから伝道がなければなりません。「あなたがたは神に愛されている子供ですから、神に倣う者となりなさい」。現代人に対する偉大な証しの言葉であり、伝道の言葉です。

五章6－14節

あなたを照らす光

むなしい言葉に惑わされてはなりません。これらの行いのゆえに、神の怒りは不従順な者たちに下るのです。だから、彼らの仲間に引き入れられないようにしなさい。あなたがたは、以前には暗闇でしたが、今は主に結ばれて、光となっています。光の子として歩みなさい。――光から、あらゆる善意と正義と真実とが生じるのです。――何が主に喜ばれるかを吟味しなさい。実を結ばない暗闇の業に加わらないで、むしろ、それを明るみに出しなさい。彼らがひそかに行っているのは、口にするのも恥ずかしいことなのです。しかし、すべてのものは光にさらされて、明らかにされます。明らかにされるものはみな、光となるのです。それで、こう言われています。

「眠りについている者、起きよ。
死者の中から立ち上がれ。
そうすれば、キリストはあなたを照らされる」。

新型コロナの第五波は終わったようですが、また第六波が必ず来ると言われます。人類はもう二年間にわたたって、闇のトンネルの中を歩んできました。闇の中では行く先が分からず、不安で、生きる力を持つことができません。闇の中を歩みながら人々は光を求めます。明かりが見えれば安心が与えられ、希望が湧き、耐える力、頑張る力も引き起こされるでしょう。

今朝の御言葉は、「光」が私たちを照らし、その光が誰にとっても救いになることを告げています。9節には「光から、あらゆる善意と正義と真実が生じる」とあります。善意と正義と真実が生じなければ、悪意や不正や虚偽の闇が続くばかりということでしょう。

聖書が「光」と「闇」と言うとき、人間生活の営みの場所が暗いか明るいかだけでなく、そこに生きる人自身が光か闇かを問います。闇は世界にあるだけではありません。闇の仲間や闇の業に囲まれ、私たち自身が闇に支配され、闇になる場合があります。

聖書は「あなたがたは以前には暗闇でした」と語ります。しかし「今は主に結ばれて、光となっています」と言うのです。聖書は人間を見るのに性善説かそれとも性悪説かといった単純な見方をしません。神の似姿として創造されて本来罪のなかった人間が、誘惑によって罪に堕ち、自分の中に闇を抱え、闇そのものになる、そういう人間の現実を見ています。しかしその人間が「今は主に結ばれて、光となっている」と言われ、「光の子として歩みなさい」と勧められます。

「今は主に結ばれて、光となっています」。この言葉は決定的な変化と転換を語っています。

たとえ闇の中に置かれ、トンネルの中にいる状態であっても、その人自身は光となり、光の子として歩むことができます。重大なことは転換することです。闇の中にたとえまだあっても、闇の子が光の子に変えられる。その変化点はどこにあるのでしょうか。

聖書はそれを「今、主に結ばれて」と語ります。ここが決定的な変化点です。「主に結ばれる」というのは説明的な訳であって、本文はただ「主にあって」です。あるいは「主の中で」です。単純ですが新約聖書における最も重大な御言葉と言ってもよいでしょう。「主の中で」、「キリストにあって」の現実があるのです。そのとき闇の人が光に属し、光の人、光の子に変えられます。

「主にあって」は具体的には洗礼を受けて、キリストの中に入れられることです。そしてキリストの身体に加えられ、その一部にされ、キリストの身体である教会の枝とされることです。光か闇かは、善意か悪意か、正義か邪悪か、真実か虚偽かということでもありました。さらに言えばそれは、死か命かということでもあり、救いか滅びかということでもあるでしょう。確かに悪意や邪悪や虚偽、そして死と無関係な人はいません。罪のない人はいないでしょう。「あなたがたは、以前には暗闇でした」と言われるとおりです。私たち自身に悪意や邪悪さがあり、虚偽があります。暗闇でない人は事実いないでしょう。しかしそこから「主にあって」光の子にされると言います。「主にあって」、「主にある者」へと転換させられます。

ですから暗闇から光の子へという転換は、「主にある」体験として洗礼体験を語っていると言ってもよいものです。洗礼によって主のものとされ、キリストの御身体の中に入れられました。洗礼体験は「主にある」体験ですから、またキリスト体験です。それが私たちの信仰の経験です。そしてそれを今朝の聖書は、「光の体験」で、闇から光に移されたこととして語っています。キリストが私たちの光であり、私たちを照らす光の源、光源であるわけです。

洗礼体験はいつのことかと言えば、洗礼を受けた時のことですが、それだけではありません。その時に分からなかったことが、信仰生活が進むにつれて、後から分かる場合もあります。「主にある」ことの確かさがあり、主にあって新しい命にあずかります。死の不安に打ち勝つ平安と喜びにあずかるのは、「主にある」ことによってです。それは今、礼拝の中で主イエスを信じ、主にあって神を信じることで経験されます。礼拝の中で私たちは繰り返し「主にあり」、復活の主に照らされます。

今朝の箇所で洗礼を記しているのは「主にあって」という言葉ですが、さらに14節に引用された三行の詩も洗礼から来ていると解釈されます。「眠りについている者、起きよ。死者の中から立ち上がれ。そうすれば、キリストはあなたを照らされる」。この三行の詩は、原始教会の讃美歌、それも洗礼歌からの引用と言われます。異邦人キリスト者の洗礼式には「大いなる光があなたがたの上に登った」という式文が用いられたとも言われます。洗礼は復活の主の光に照らされる聖礼典と言うことができるでしょう。洗礼は水の中での死を潜って命に入れられることを意味しますが、死者の中から立ち上がらされて、キリストの復活の光を受けるとも言われます。闇は死と結びついているのに対し、光は命と結びつき、命をもたらします。復活の光は命の光であり、復活者キリストが私たちを照らしてくださることは、命の光で照らすわけで、死に対する命の勝利に入れてくださることです。復活者の光に照らされることによって、闇の力は削がれます。脅かす力は砕かれ、主にある命と喜びが溢れます。

礼拝の中には、復活者キリストに照らされる経験があります。キリスト教信仰は、生ける復活のキリストを仰ぎ、キリストの命との交流に生かされる信仰です。「信じる」とは復活のキリストに「照らされる」こと、そしてキリストの命にあずかって生かされることです。復活の讃美歌は復活日の礼拝に歌われますが、イースターだけでなく、毎礼拝ごとにもっと歌われてよいでしょう。いや、歌われるべきです。もっと頻繁に復活の讃美歌を歌う教会でありたいと思います。

主イエスの復活の光はトンネルを過ぎた向こうにただ明るく灯っているだけではありません。ただ遠くで私たちがその光に向かって行くのを待っているだけではありません。復活の命の光、その源である復活者キリストは私たちのもとに来られます。そして共に歩んでくださいます。死を克服し、神の命の勝利をもって共に歩んでくださいます。人生のいろいろな試練の中で私たちが暗闇にあり、トンネルの中にいるとき、復活の主キリストは復活の命の光で私たちを照らしてくださり、私たちと共に歩んでくださいます。キリストに照らされ、闇の中でもすでに光に歩む。そして光とされる。それが信仰の生活です。試練のまっただ中ですでに平安を生き、確かさを持ち、希望を抱き、喜びをもって歩むことができます。

トンネルを越えた向こうだけでなく、トンネルの中ですでに復活のキリストの光は射しています。命も平安も喜びもすでに闇の中で、復活のキリストに照らされる中で始まっています。ですからヨハネによる福音書は、「光は暗闇の中で輝いている」（一5）と語りました。光が暗闇の中で輝いているのは、暗闇の中で光が闇の力、脅し威嚇する力に打ち勝っているからです。

復活のキリストがあなたを照らします。キリストの光に照らされれば、すべては明らかにされるでしょう。私たち自身の暗闇の業も明るみに出されます。「むしろ、それを明るみに出しなさい」と聖書が言うとおりです。「すべてのものは光にさらされて、明らかにされます。明らかにされるものは、みな光となる」とも言われます。復活のキリストの光の中ですべて明るみに出す。それが悔い改めることであり、死人の中から立ち上がることです。光の子として歩むのは、キリストに照らされて、その赦しと勝利の中で、喜びと勇気をもって歩むことです。

五章15－20節

悪い時代にどう生きるか

愚かな者としてではなく、賢い者として、細かく気を配って歩みなさい。時をよく用いなさい。今は悪い時代なのです。だから、無分別な者とならず、主の御心が何であるかを悟りなさい。酒に酔いしれてはなりません。それは身を持ち崩すもとです。むしろ、霊に満たされ、詩編と賛歌と霊的な歌によって語り合い、主に向かって心からほめ歌いなさい。そして、いつも、あらゆることについて、わたしたちの主イエス・キリストの名により、父である神に感謝しなさい。

人生を生きるのは時の中を生きることです。それはまた時代の中を生きると言ってもよいでしょう。時代は、ある期間にわたって時が塊になって流れているわけで、時代に逆らって生きることは決して容易ではありません。今朝の聖書の御言葉は「今は悪い時代なのです」と記しています。その理由はここには記されていませんが、聖書は私たちの生きている時代と別の時の流れを見ているわけではありません。私たちにとっても「今は悪い時代です」と言わなければばならない現実があるのではないでしょうか。その中で、信仰者はどう生きることができるでしょうか。今朝の聖書はそのことを記しています。

短い段落ですが、幾度か読み返してみますと、この一段落には前半と後半の二つの部分があることに気づかされます。前半の部分は、「どう生きるか細心の注意を払いなさい」、「時をよく用いなさい」と言います。悪い時代に生きているからといって、キリスト教信仰は宿命観に捕らえられ絶望や無気力に陥るわけではありません。そうでなく、悪い時代、暗い時代の中にも、賢い者として細心の生き方をし、時をよく用いるようにと言われます。

この「時」という言葉は、主イエスが「時は満ち、神の国は近づいた」と言われた「時」と同じで、「カイロス」という言葉です。それは重大なことが起きる可能性のある時であり、選び与えられた時のことです。悪い時代の中にも、そういう「時」があって、よく用いることができるというのです。それには「無分別な者とならず、主の御心が何であるかを悟りなさい」とも言われます。「主の御心を悟る」とは、「主の御意志を理解する」ことです。「時をよく用いる」には、その時に主の御心が何であるかを悟ることがなければなりません。「主の御心が何であるか」を理解するなら、悪い時代にも賢く生きることになるわけです。

悪い時代を賢く生きる、その賢さは人間として知的にとか、この世の知恵を持ってと言うことでなく、どんな時にも「主の御心」「主の御意志」を理解することが意味されています。そこに悪い時代に耐えて生きるすべがあるわけです。

それでは、主の御心が何であるかを理解するには、どうしたらよいのでしょうか。主イエスの御意志を理解する手立てと言えば、誰でも聖書を開き、聖書に記されている主イエスの言葉に耳を傾け、それを今生きている自分に向けられた言葉として聞くことが重要だと思われるでしょう。そうできるように祈ることも、欠かせないでしょう。

そのほかに主の御意志を理解する手立てがあるでしょうか。祈りつつ聖書に聞くほかはない、そう思うことは決して誤ってはいないと思います。しかし今朝の御言葉はそのように語ってはいません。そうでなく、「酒に酔いしれてはなりません」と言い、そしてむしろ「霊に満たされるように」と語り、後半の話に入っていきます。そして後半の話は礼拝の話になっています。悪い時代にどう生きるかを語りながら、主の御心、主の御意志を理解することを重大とし、そこからどんな悪い時代にも生きることのできる礼拝があるというメッセージになっています。

そうであれば、今朝の説教の題は「悪い時代にも礼拝がある」としてもよかったでしょう。主イエス・キリストの御心、御意志を理解することが生きる支え、生きる慰め、そして生きる力になります。そのための礼拝があると語られるわけです。

その礼拝がいくつかの観点から語られます。初めは「霊に満たされ」です。悪い時代の中にも、いな、そうであればあるだけ、なおさら霊に満たされて礼拝に生きることができると言わんばかりです。そして「詩編と賛歌と霊的な歌によって語り合う」と言われます。「詩編と賛歌と霊的な歌」は、初代教会の礼拝に歌われた共同の歌を指すと思われます。フィリピの信徒への手紙二章の「キリスト讃歌」もその一つですし、テモテへの手紙一、三章16節にも初代教会の讃美歌が記されていると言われます。コロサイの信徒への手紙一章15、16節にも讃美歌が響いていると言われます。これら教会の歌を共に歌うことで、語り合っている礼拝が語られます。そして「主に向かって心からほめ歌いなさい」と続きます。十字架にかけられ、死んで復活した主イエス・キリストに向かって、心からの讃美を歌う礼拝です。

こういう礼拝が主キリストの御意志が何であるかを知る場になり、どう生きたらよいか、それを学び修得する場になるわけです。説教の責任を負う者としては、そういう礼拝になるように、それにふさわしい説教の奉仕ができているかと反省させられます。しかし今朝の聖書は、特に説教がどうこうとは語っていません。言われていることは、「聖霊に満たされて」ということ、聖霊に満たされれば主キリストとの交わりに生かされ、同時に主にある兄弟姉妹との交わりに生かされます。それが詩編と賛歌と霊的な歌によって語り合うと言われているのではないでしょうか。

「語り合う」とあるのは、礼拝以外の集会で、讃美歌を歌い、相互に語り合う集会のことが言われているのではないかと思われるかもしれません。礼拝の中で実際互いに語り合うことは一般にはないからです。しかし、一緒に讃美を歌うとき、一人一人がばらばらに孤独な礼拝をしているわけではなく、共同の讃美歌によって信仰を互いに語り合っていると言ってもよいのではないでしょうか。礼拝には礼拝者相互の霊によるコミュニケーションがあると言うのです。

そして「主に向かって心からほめ歌う」のが礼拝ですし、そういう礼拝があれば、時代がどんなに暗い時代であっても、試練の中でも、生きられます。キリストの御心が何かをいつも身近に知って、主に向かって心からほめ歌う礼拝、そして聖霊に満たされて主との交わりに生き、主にある兄弟姉妹と共に歌う交わりの礼拝、それがキリスト教会の礼拝と言われます。

どんな時代と人生の困難の中でも私たちには礼拝がある。そう言うことができます。コロナの経験の中でも、オンラインの礼拝でも、「私には礼拝がある」と言うことができ、今朝もそう思って、私たちは礼拝に連なっています。

その礼拝を語る御言葉の最後は、「いつも、あらゆることについて、父である神に感謝しなさい」です。ここには主イエスがフルネームで呼ばれます。イエスだけでなく、キリストでもあり、主であり、他でもない「わたしたちの主」です。主イエスであり、キリストです。その「わたしたちの主イエス・キリストの名によって」父なる神に感謝するのが、礼拝です。

主イエス・キリストの名による礼拝はいつでも感謝の礼拝でしょう。「感謝」と言えば、同じ言葉、「エウカリスティア」で「聖餐」が意味されることもありました。私たちの主イエス・キリストを与えられ、主のすべてにあずかることのできる礼拝は感謝です。その上、「いつも、あらゆることについて感謝しなさい」と聞けば、パウロの同じ言葉を思い起こす人は多いのではないでしょうか。「どんなことでも、思い煩うのはやめなさい。何事につけ、感謝を込めて祈りと願いをささげ、求めているものを神に打ち明けなさい。そうすれば、あらゆる人知を超える神の平和が、あなたがたの心と考えとをキリスト・イエスによって守るでしょう」。フィリピの信徒への手紙にそうあります（四6－7）。「私たちには礼拝がある」ということは、どんなことにも感謝する理由と力が与えられているということです。礼拝に身を置くならば、どんなことも自分一人で悩まなくていい。いや自分一人で悩むことは止めなさい。そう言われるのが礼拝です。思い煩うことは止めなさいとも言われます。礼拝があるということは、私たちの主イエス・キリストがいてくださり、主を遣わしてくださる父なる神がいてくださることです。そしてその神にどんなことでも打ち明けることができ、聖霊に満たされて主を讃美することができます。その礼拝によってどんな暗い時代にも生きることができるでしょう。神が生ける神であり、御子イエス・キリストが復活のキリストとして現在し、共に生きてくださるからです。そういう礼拝を生きて、この礼拝による人生を世に証ししていこうではありませんか。

五章21節

信仰生活の根本

キリストに対する畏れをもって、互いに仕え合いなさい。

信仰生活にはいろいろな場面や局面があります。信仰生活は教会生活ですが、同時に家族生活も含まれるでしょう。友人関係や仕事の関係の中での生活もあります。信仰者はいろいろな局面を持ち、さまざまな場面で生かされているからです。けれども、どの場面にあっても信仰によって生かされているその基本は変わらないのではないでしょうか。信仰生活のその基本は何でしょうか。

エフェソの信徒への手紙は、四章から六章までの後半部分で信仰生活を語っていると言いました。中でも今朝の箇所五章21節を転換点として、この後「妻と夫」、「親と子」、さらには「奴隷と主人」といった具体的な家族生活のあり方を語ります。これまでは、家族でなく、教会生活全体に関して語られてきました。ここで家族生活に話が転じるわけです。しかし教会生活とまったく違った家族生活があるわけではありません。むしろ教会生活が家族生活にも及んでいく、あるいは教会生活から家族生活に橋渡しされると言った方がよいかもしれません。その結び目の言葉が21節です。「キリストに対する畏れをもって、互いに仕え合いなさい」。ここには、教会生活と家族生活、さらに言えばあらゆる場面での信仰生活の「根本」が語られていると言ってよいでしょう。その信仰生活の根本は「キリストに対する畏れをもって、互いに仕え合いなさい」です。今朝はこの御言葉に特に注意を向けたいと思います。

「互いに仕え合いなさい」と言われますが、「仕える」とはどういうことでしょうか。主イエスがゼベダイの子ら、ヤコブとヨハネに語った御言葉が思い起こされます。「人の子は、仕えられるためでなく、仕えるために来た」（マコ一〇45）。そう主イエスは言われました。その主の言葉を思い起こしますと、私たちは今日も主イエスによって仕えられていることが分かります。このことを覚えて、私たちも、互いに仕え合うのが主の御旨であると言うことができるでしょう。

ただし、一般に「仕える」と訳される言葉は「ディアコニア」という言葉です。しかし今朝の箇所にはその言葉は使われていません。ただ単純に「下に置く」という言葉が使用されています。ですから、「互いに仕え合いなさい」と訳したのは意味を汲んで訳したのであって、文字通りには「互いに自分自身を相手の下に置きなさい」、つまりは「他者に従いなさい」と語っていると受け取れます。主イエスの言葉で言うと、「すべての人の僕になりなさい」という御言葉に通じるでしょう。私たちは得てして、他の人の上に立とうとします。しかしそうでなく相手の下に立つ、そして相手に従う。それを根本に置くのが信仰生活だというのです。

しかし聖書が記された頃の古代社会の「妻たち」、あるいは「子供たち」、そして「奴隷たち」は、言われなくても、他の人の下に置かれていたのではないでしょうか。これでは信仰に入った生活も、それまでの生活と何ら変わるところがないと思われなかったでしょうか。実際、信仰に入ったけれども、生活はそれ以前と何の変化もなかったと感じる人はいます。「従いなさい、互いに下に立ちなさい」と言われれば、これまで人の下に身を置いたことのない人にとっては、大きな変化かもしれません。しかしずっと人に従ってきた人にとっては、何の変化もないと思われるのではないでしょうか。

しかし実は、これまで人の下に生きてきた人にとっても、いつでも人の上に身を置いてきた人にとっても、ここには根本的な一大変化が起きています。信仰なしに生きてきたときとは全く別のことが今はあるからです。それは、今では「キリストに対する思い」が根本動機になっているということです。キリストに対する思いが根本ということは、イエス・キリストがいてくださるということ、そして主イエスとの関係が中心にあり、すべての土台になっているということです。ただ漫然と人に従うのではありません。これまでの生活はがらりと変えられて、もはや世の習いや社会の仕組みのために否応なく他の人の下に渋々いるのではないのです。そうでなく、キリストが共にいてくださり、主キリストが私に仕えてくださっている。それが根本動機を形作って、今生きています。キリストへの思いからこのように生きている、いや生かされています。それが信仰生活です。同じことをやっているようで、実はまったく違うことをしているのです。どんな小さなことでも、キリストを思ってそうさせていただいている。そこに根本があります。それが信仰生活でしょう。

主キリストに対する思いは、ここでは「キリストを畏れる」という表現で語られます。この表現はここにしか出てこないという人もおります。「キリストへの畏れ」という言葉は、もう一か所、コリントの信徒への手紙二にも出てくるのですが、そこではキリストによる審判のことが記されていて、審判を行う主に対する畏れを私たちは知っていると書かれています。今朝の箇所の文脈には審判のことはありません。そうでなく、「キリストに対する畏れをもって」とは、真面目な信仰生活のありようであり、「畏れ」はキリストの臨在に対する厳粛な思いです。主イエス・キリストは憐れみ深きお方として「仕えるために来た」と言われ、その主の言葉には直ちに「多くの人の身代金として自分の命を献げるために来た」という言葉が続きます。エフェソの信徒への手紙が伝えるのは、その主イエス・キリストが私たちの「頭」でいらっしゃるということです。主イエス・キリストは、すべてのものを足もとに従わせ、すべてのものの上にある「頭」であり、そのようにして頭であるキリストが教会に与えられ、教会を御自分の体としてくださっているということ、これがエフェソの信徒への手紙が力を込めて伝える主イエス・キリストです。ですから「キリストに対する畏れをもって」とは、主キリストが教会の頭、私たちのすべてを御自身の体として負ってくださっている方、その頭であるキリストに信頼を寄せ、畏敬をもってお仕えする、そういうキリストへの思いが、ここに言う「畏れ」です。ですからキリストの下に身を置き、キリストに従い、キリストに仕える生活がキリスト者の義務となり、この義務を喜んで果たします。それが互いに仕え合うことになります。互いに仕え合うことでキリストにお応えするわけです。

キリストに対する畏れをもってでなかったら、私たちは本当の意味で互いに仕え合うことはできないでしょう。私たちは誰でも、多かれ少なかれ自己中心的ではないでしょうか。ですから、主イエスを抜きにすれば、自分を他者の下に置くより、できるだけ他者の上に置きたいと思うのではないでしょうか。人に従うより、人を従わせたいのが私たちでしょう。仕えるように見せながら、その実、自分がしたいようにする場合が多いのです。本当の意味では仕えていないから、その人のために何ごとかをしたら、恩に着せるという場合もあります。実際、私たちは信仰の生活に何度も失敗すると言わなければならないでしょう。

しかし頭であるキリストは、私たちを赦し、教え、支えてくださいます。主イエスは、御自分の命を捨てて仕えてくださっているお方です。ですから、キリストに対してであれば、私たちは仕えることができるのではないでしょうか。そして目に見える仕方で主に仕えるためには、主が共に生きよと命じ、与えてくださっている人々に仕える以外にありません。たとえそうできない時が何度あっても、もう一度悔い改めて、信仰生活にチャレンジします。頭であるキリストは、その生活を赦し、支え、励まし、そして守ってくださいます。それが主イエス・キリストを信じる信仰生活で、「キリストに対する畏れをもって互いに仕え合う」生活です。

最近、書物を出版しました。友人の牧師たちにそれを贈呈したところ、ある牧師から手紙が来ました。「日本の教会のためにも喜ばしい」出版だと書いてくださり、「何よりも、主イエス御自身が、とてもお喜びくださっておられることと存じます」とありました。私は自分の本の出版でそのように考えたことは、一度もありませんでした。しかし今朝の御言葉、「キリストに対する畏れをもって、互いに仕え合いなさい」と言われる信仰生活について言えば、私たちがキリストを思って、互いに他者の下に自分を置き、主に従うように、互いに従い、仕え合う。それを基本にして、そのとおりにいかないときには、その都度何度でも悔い改めて、仕えてくださる主にお応えしようと願う。私たちの頭である主イエスは、そういう私たちの信仰生活を喜んでくださるのではないでしょうか。聖書が勧め命じているということは、そういうことだと思います。私たちが仕え合う信仰生活を、主は支え、励まし、守り、そして喜んでくださいます。そうに違いありません。信仰生活の根本に根ざして、主に喜ばれる信仰生活を歩み続けたいと思います。

五章22－28節

妻と夫のあり方

妻たちよ、主に仕えるように、自分の夫に仕えなさい。キリストが教会の頭であり、自らその体の救い主であるように、夫は妻の頭だからです。また、教会がキリストに仕えるように、妻もすべての面で夫に仕えるべきです。夫たちよ、キリストが教会を愛し、教会のために御自分をお与えになったように、妻を愛しなさい。キリストがそうなさったのは、言葉を伴う水の洗いによって、教会を清めて聖なるものとし、しみやしわやそのたぐいのものは何一つない、聖なる、汚れのない、栄光に輝く教会を御自分の前に立たせるためでした。そのように夫も、自分の体のように妻を愛さなくてはなりません。妻を愛する人は、自分自身を愛しているのです。

教会で行われる結婚式に出席したことのある人は、結婚の誓約が交わされるときに、夫と妻への勧めとして今朝の聖書箇所が読まれるのを聞いたことがあるでしょう。今朝の箇所は、夫たるもの、妻たるもののあり様を語って、キリスト者でない人の記憶にも残る聖書箇所ではないかと思われます。ここにはいったい、何が記されているのでしょうか。

この段落の最初の言葉は、21節の「キリストに対する畏れをもって、互いに仕え合いなさい」です。それがキリスト教信仰から見て信仰生活の根本をなすことは前回お話ししました。相手の下に身を置いて従い、「互いに仕え合う」、それが家庭生活の根本であり、夫に対する妻の生き方、また妻に対する夫のあり方の基本だと言われます。

「妻たちよ、主に仕えるように、自分の夫に仕えなさい」、「夫は妻の頭である」とあります。「夫は妻の頭」と言うのを聞いて、聖書は古代社会の家族生活のことを言っていると思われるかもしれません。もしそうなら、古代社会の夫婦のあり方を現代に押し付けたとしても、とても現代の問題の解決にはならないでしょう。

聖書は古代社会の風習に従って古代的な服従を生きるように語っているわけではありません。また逆に現代的な自由奔放に生きることを語っているわけでもありません。というのは、「仕える」あるいは「愛する」と言っても、何が真実に仕えることであり、何が本当に愛することなのか、人間はいつの時代にも分からないでいるのではないでしょうか。古代の家族や社会にも苦労や困難があったように、現代の家族や社会のあり方にも混乱や苦しみがあります。聖書を聖書らしく聖書的に読むことは、古代的忍従を読み取ることでもなければ、現代的自由奔放を読み込むことでもありません。そうでなく、互いに仕え合うことを「キリストと教会」の関係から学ぶことであって、時代的にでなく、キリストに基づいた教会的な生活を身に着けるようにと言われます。それがあらゆる時代を越えて、どの時代に対しても人と人との関係に解決を与える道として示されます。「キリストと教会」の関係が私たち相互の生活を根本で守り、支え、そして模範としてあると、今朝の聖書は告げています。

そこで「夫たちよ、キリストが教会を愛し、教会のために御自分をお与えになったように、妻を愛しなさい」と言われます。「キリストの愛」が語られます。「キリストの愛」が語られ、キリストが「御自身をお与えになった」と主の十字架のことが語られます。キリストの十字架が示す主の愛が語られれば、私たちの救いが語られることにもなるでしょう。主イエス・キリストが愛してくださっているのは、私たち一人一人のことではないでしょうか。誰でも「キリストに愛された自分」を語ることができるのではないでしょうか。それを今朝の聖書は、「キリストが教会を愛し、教会のために御自身をお与えになった」と言います。キリストの愛は、「教会を愛する愛」つまり「教会愛」であり、「教会のために御自分をお与えになりました」。その教会の中に私たちは入れられています。「キリストに愛された自分」を語ることは、観念的なことではなくて、具体的に「教会の中に入れられ、教会の中にいる自分」を語ることです。

キリストの教会愛は、「教会のためにキリストが御自身をお与えになった」ことによって語られます。それは主イエス・キリストが十字架に御自分をおかけになり、犠牲としてお与えになったことを意味するのは明らかです。主の十字架の死の出来事は、主イエス・キリストの教会愛を示し、キリストは十字架に御自分を引き渡し、十字架の中で教会を成立させました。その教会に私たちを加えてくださったのです。

今朝の箇所は、結婚式に読まれるように、妻と夫のあり様を語っている箇所です。しかし根本的にはキリストと教会の関係を語っています。結婚論や夫婦論を確かに語っていますが、根本的には「キリストと教会の関係」を語っているのです。妻と夫の生き方は、キリストと教会の関係から成立する、そうでなければ本当の意味では成立しないと語っています。人が互いに仕え合うことは、「キリストと教会」の関係に基づかなければ成立しないと聖書は言うのです。

妻と夫の関係と言えば、社会の基本構造と言ってもよいでしょう。この後語られる親と子の関係にしても、奴隷と主人の関係にしても、人と人とが共に生き、相互の助け合いに生きなければならない基本的関係として挙げられています。そのすべては、キリストと教会の関係に基づかなければ真の解決はない。それが今朝の聖書の御言葉の語り方ではないでしょうか。

そうだとすると、家族をはじめ、社会の救済、世の救いは、どこに根拠を持つかという話でもあるでしょう。キリストと教会の関係の中に、世の救いの根本があると聖書は語っているわけです。世の救いは、キリストと教会の関係に基づいて成立するというのです。

御自身を与えるキリストの教会愛があって、そこに私たち一人一人が引き込まれます。それだけでなく、人と人とが共に生きる仕組みのすべて、妻と夫の関係をはじめ、子と親の関係も、奴隷と主人の関係も、みな、キリストの教会愛にあずかることによってそれぞれの問題の解決にあずからせていただくというのです。キリストの教会愛による「キリストと教会」の関係の中に、家族の原理があります。家族だけでなく、人類社会の原理があると言い直してもよいのではないでしょうか。民族と民族の間の問題、国と国の間の問題も、結局のところ、キリストと教会の関係によって支えられ、克服されるべきではないでしょうか。そうでなければ、「互いに仕え合う」ことはできないでしょう。

主キリストはその教会愛によって、御自分を教会のためにお与えになり、御自身の十字架の中で教会を成立させせました。主キリストはその教会を「言葉を伴なう水の洗い」、つまりバプテスマによって清め（26節）、聖化し、栄光に輝く花嫁とし、御自分に迎えると言われます（27節）。キリストと教会の関係が、花嫁を大切に扱う花婿の立場から語られるわけです。相手を大切にすることは、キリストと教会の関係を根本にして、この関係に互いにあずかり、そこから愛し、仕える力をいただいて成立するということでしょう。

そうするとキリストと教会の関係にあずかり、そこに生きることが重大になります。教会生活に生き、礼拝によって生かされることは、キリストの教会愛の中に入れられ、キリストと教会の関係にあずかることです。

ウクライナの首都キーウには聖ソフィア大聖堂というウクライナ東方教会の代表的な教会堂があります。それがロシアの攻撃のターゲットにされていると聞きました。この世界の中で教会の礼拝がささげられていることは、重大な意味を持っています。礼拝にあずかるとき、私たちは、教会を愛し、御自身をお与えになったキリストの教会愛の中にいます。キリストの教会愛の中に置かれて、天地の造り主であり、世界の主である神を讃えます。そのようにして礼拝は、「すべてのものを足もとに従わせる頭であるキリストとその体である教会」の関係の中に生かされるときです。教会が礼拝を誠実にささげるとき、私たちは家族の救いの原理にあずかり、それだけでなく、世界救済の根本原理にあずかっています。コロナ感染のパンデミックの中でも、ロシアの野蛮な侵略の中でも、御自身をお与えになった主キリストの教会愛の中で、教会は礼拝をささげます。それがどんなに素晴らしく、希望のあることでしょうか。オンラインによって礼拝にあずかる兄弟姉妹を含めて、キリストの教会愛の素晴らしい経験にあずかっていることを感謝したいと思います。

五章29－33節

偉大な神秘

わが身を憎んだ者は一人もおらず、かえって、キリストが教会になさったように、わが身を養い、いたわるものです。わたしたちは、キリストの体の一部なのです。「それゆえ、人は父と母を離れてその妻と結ばれ、二人は一体となる」。この神秘は偉大です。わたしは、キリストと教会について述べているのです。いずれにせよ、あなたがたも、それぞれ、妻を自分のように愛しなさい。妻は夫を敬いなさい。

聖書を読むためには、聖書を聖書的に正しく読まなければならないでしょう。今朝の聖書の箇所は、聖書の読み方を特に考えさせられる箇所になりました。と言いますのは、カトリック教会はこの箇所から結婚はサクラメント（聖礼典）だという結論を引き出すからです。しかしプロテスタント教会は、イエス・キリストによってこのようにせよと定められた洗礼と聖餐だけを聖礼典とし、聖礼典をそれだけに限定してきました。結婚の方は、こうせよとは命じられておらず、結婚しない生き方もあると思われます。それで使徒たちの中でもペトロは結婚していましたが、パウロはしていませんでした。プロテスタント教会は、結婚を神の御前での人格的誓約の関係として理解し、相互の誠実と信頼を重大とします。カトリック教会では、結婚をサクラメントとしたために、どんな理由があろうとも離婚は許されないことになったと言われます。聖書解釈にこうした違いのある箇所ですが、今朝の聖書の箇所はどう理解すべきでしょうか。

ここには創世記二章の言葉が引用されて、「人は父と母を離れてその妻と結ばれ、二人は一体となる」とあります。そのうえで「この神秘は偉大です」と記されます。「神秘」という言葉は、ラテン語で sacramentum と訳され、「二人は一体となる」というのは結婚のことで、それがサクラメントだと読まれたわけです。

しかし聖書は、「この神秘は偉大です」と語って、「わたしが語っているのはキリストと教会についてです」と断っています。ですから二人は「一体となる」、「一つの体」「一つの肉体」になるというのは、結婚のことでなく、「キリストと教会が一体である」ことを語り、「この神秘は大きい」と語っているわけです。キリストと教会の一体性が「神秘」「奥義」だと言うのです。

したがってこの段落の主題は、キリストと教会の関係であると言わなければならないでしょう。そしてそれが夫婦関係の土台であり、夫婦の模範でもあると語られます。この関係はまた「頭と体の関係」とも言われます。それがこの段落の前半ではキリストが教会を愛し、清めて、栄光に輝く教会として御自分の前に立たせると言って、「花嫁と花婿」の関係として語られました。後半になって、その頭と体は「一体」なのだと言われ、頭と体の関係から、頭と体の一体性へと話題が移っていきます。その移行の境目は29節にあります。そこに教会の頭であるキリストが、教会を「わが身」として、「養い」「いたわる」と言われています。

「養う」という言葉は、食事を食べさせ、大きくする意味であり、親鳥がひなを温めるように、母が子の世話をするという意味を持った言葉です。キリストはそのように、御自身の身として教会を養うというのです。そのようにキリストの「教会愛」が語られ、キリストの教会愛には母の愛も含まれていると解釈されます。

このキリストの愛によってキリストと教会の「関係」は「一体性」へと深まっていきます。この一体性の中で、キリストは私たち皆を御自身の身とし、養い、いたわってくださると言われます。キリストと教会の一体性の中に、教会における妻たち、夫たちも入れられますが、それだけでなく私たち皆も入れられます。「わたしたちは、キリストの体の一部なのです」と記されているとおりです。そして「この神秘は偉大です」と言われます。

こう見てきますと、今朝の御言葉において重大なことは何かが分かってくるのではないでしょうか。私たちは信仰を与えられ、教会生活に生かされています。しかし教会生活はすべて完成しているわけではありません。誰もが信仰を生きながら、同時に課題も与えられ、ときには困難な試練の中に置かれます。そういう戦いの中で神を礼拝し、御言葉を聞きつつ歩んでいるのが、私たちの教会生活です。そのとき、御言葉はその私たちがすでにキリストの体の一部とされ、キリストは御自分の体として教会を養い、いたわってくださると言います。そしてキリストが教会と、またその一部である私たちとも一体でいてくださる、それが神秘だと語って、この神秘は大きいと言うのです。

そうであれば、重大なことは、主イエス・キリストとの一体性、主と一つにされている秘義的な事実を信じることでしょう。さらにはそれを実感して、それによって生きる力を強めていただくことでしょう。それでは私たちは、主キリストと一つにされているのをどう信じ、また実感し、さらに主と一つにされた者としてどこで養われ、いたわられるのでしょうか。

キリストがその身をいたわり、養うのを、どこで実感するかと言えば、「養う」ということからして食する経験、つまりは「聖餐」が考えられるでしょう。すでにこの段落の前半26節で、キリストが教会を「言葉を伴なう水の洗いによって」「清めて聖なるものとする」とあり、それは「洗礼」を意味していると理解されます。それと併行して、今度は主イエス・キリストによる「養い」が語られますので、「聖餐」がその場所と考えられるわけです。

ですから聖餐にあずかるとき、キリストが御自身の体として教会を愛し、いたわり、養う、その主の御業を信じて経験すると言ってよいでしょう。キリストと教会の一体性の中に私たちも入れられ、養われます。それを味わい経験する場が聖餐だと言ってよいでしょう。

さらに言えば、キリストと一つにされているのは、聖餐だけのことではありません。教会生活全体をとおして、礼拝とそこで聞く主の御言葉に養われます。同じ信仰を信じて告白する群れの中で養われ、執り成し、執り成される祈りの中で養われます。教会生活のすべてに、主イエス・キリストの愛が働き、主の養いといたわりが働いているのを信じて経験することができると言ってもよいでしょう。

それともう一つ重大なことがあります。それは、そのように養われるのを信じて経験すると同時に、あるいはそれ以前に、この神秘は偉大だと思うことです。この神秘は大きい、「メガ」だと言われます。それに「アーメン」と言い、心に然りと思うことです。そしてこのことをはっきりと心に留めることです。

パウロは、キリストと教会の一体性の神秘、主がその身をいたわり、養いたもう一体性を「大きな神秘」と言いました。「偉大な神秘だ」と語るのです。それに「アーメン」と確かに心に思うことが重要です。そのとき大きいのは、いま私の人生に重くのしかかっていることや、私を圧迫する悩みではありません。私たちが日常の生活で悩み、心挫けそうになるときにも、キリストと一つにされていること、「この神秘こそ大きい」と語る使徒の言葉に、「そのとおり、それこそ偉大な神秘だ」と心に思うことです。キリストと教会が一つである神秘、主キリストと一つにされているという奥義は、人生や世界に起きるどんな悩みより「大きい」と心から思うことです。大きいというのは、スケールの大きさですが、その意味も力も、広く、大きく、そして力強く立ち優っているということです。その影響力、救済力が大きいのです。この奥義が偉大であるゆえに、それに支えられ、それに生かされ、どんな抑圧からも自由にされます。教会が主の体であり、私たちは主の体として主と一つにされているという神秘、この奥義は、その大きな力で私たちを包みます。そのとき私たちは、どんな圧迫や破壊からも解き放たれるでしょう。自分の弱さに打ちひしがれてもいません。

私たちはこの二年半、コロナ感染に悩まされてきました。誰もが苦しまされ、教会も苦労してきました。ウクライナではロシアの侵略によって多くの市民が苦しみに遭い、世界は脅威にさらされています。さまざまな問題が人類を悩ませ、教会もその悩みを共有しています。しかし今朝、聖書から聞いた御言葉によって、キリストの愛によってキリストと教会が一つである奥義こそが、本当の意味では大きいのだと告げられました。主キリストが教会と一体になり、私たちを主と一つにして、いたわり、育ててくださる。私たちはこの神秘によって希望を与えられています。主と一つにされているとの神秘は、あらゆる世の試練や苦難よりもはるかに「大きい」のです。

六章1－4節

キリストにある親と子

子供たち、主に結ばれている者として両親に従いなさい。それは正しいことです。「父と母を敬いなさい」。これは約束を伴う最初の掟です。「そうすれば、あなたは幸福になり、地上で長く生きることができる」という約束です。父親たち、子供を怒らせてはなりません。主がしつけ諭されるように、育てなさい。

エフェソの信徒への手紙六章の冒頭の箇所は、親と子について、そして子供の教育のあり方について記します。

親と子の問題はどの家庭にとっても重大問題です。また、子供の教育の問題は各家庭だけでなく、国家や社会の重大問題としても認識されています。最近の国際情勢、ロシアのウクライナ侵略によって、国防問題こそが重大だと言われ出しました。しかし教育の国家予算を損なうようなことがあってはならないという警告も聞かれます。同時に言えますことは、次世代のための教育は何をどう教えるべきなのか、肝心なことは決して自明なことではないということです。子供は親のためにいるわけではありません。ましてや国家や社会の手段としているわけでもありません。子供の教育はどのようにすべきなのでしょうか。聖書が親と子について、また子供の教育について何を語っているか、どの家庭でも、またどの社会でも尊重して聞かなくてはならないのではないでしょうか。

聖書は子供たちに向かって、「子たる者よ。主にあって両親に従いなさい」と語ります。「従え」という言葉は、現代では決して耳ざわりのよい言葉ではありません。むしろ誰からも嫌われる言葉ではないでしょうか。しかし聖書はさらに「父と母とを敬いなさい」と言って、「十戒」の第五の戒めを記します。「十戒」は、宗教改革者たちにとっては「使徒信条」や「主の祈り」と共に、教会生活のため、特に子供たちの信仰教育のための重大な基本をなしました。率直に言って、現代の教会は「十戒」をもう一度取り戻して、教会生活に生かす必要があるとも思われます。

「十戒」は、第一から第四の戒めまで、神に対する姿勢を語ります。そのうえで第五から第一〇の戒めまでは信仰共同体の生活を語ります。その最初が「父と母とを敬え」です。この最初の戒めの位置は、神関係の戒めと共同体生活の戒めを結び合わせる位置にあると言われます。「父と母を敬いなさい」は、神をまことに神とする信仰の生活が人間関係の中に表現されるときの最初の戒めであるわけです。敬い従う理由は、実際の父と母の素晴らしさにあるわけではありません。神を神として神に従うことが、父と母を敬う中で表されるのです。理由は神が神であることにあります。さらにこの共同体生活の最初の戒めには「神の約束」が伴っていると言われます。この戒めを実行すれば「あなたは幸福になり、地上で長く生きることができる」とあるからです。約束は神から来ています。父と母を敬うことは、その約束も含んで、神の御意志から来ていると言うべきでしょう。

それで「主にあって」両親に従いなさいと言われる意味がはっきりします。つまり、「両親に従いなさい」と言われるのは、一般道徳として言われるわけではありません。一般道徳ではなく、「主にあって」のこととして言われます。「主にある」とは、「キリストにある」ことで、「キリストによる新しい生き方の中で」ということです。「救いに入れられた者として」と言い直してもよいでしょう。つまり特別なキリスト教的勧めとして「両親に従いなさい」と言うのです。キリスト者は、キリストの十字架の死によってどんな罪も赦され、洗礼によってキリストの体に入れられ、キリストの救いに入れられました。だから両親に従い、父と母を敬いなさいと言われます。そのようにして神の御意志に従いなさい、神の御心に従う者であることを示しなさいというのです。「主にある」ならば、たとえその両親がどうあろうとも「両親に従いなさい」と言うのです。

続いて両親の代表として「父親たち」に語られます。「子供を怒らせてはなりません」。親は愛をもって子を育てます。しかしそれでも親の愛には親自身の都合が入り込むのではないでしょうか。あるいは親の権威が、子供にとってはまったく親の都合から出た抑圧であるときがあります。そのとき子供の中に戸惑いが生じ、疑問が生まれ、時には怒りが生まれることさえあります。子供の心に親に対する怒りが生まれれば、それは親の不幸ですが、同時にその子自身の大きな不幸です。

そういう不幸の経験を人類は積み重ねてきました。ギリシア悲劇はオイディプス王の運命を語って、父の王から捨てられたオイディプスがやがて父を殺し、自分の母である父の妻を自分のもとに奪い、自らのその運命に耐えきれず、両眼を衝いて、盲目の人として放浪する話を語っています。キリスト教信仰は、そうした運命の支配の下にいるわけではありません。そうでなく主キリストにある神の恵みの支配を信じます。

しかし聖書はダビデ王とその息子アブサロムの悲劇、運命ではなく罪による悲劇を知っています。アブサロムの妹タマルに降りかかった事件に対し、ダビデの処置は自分の都合を優先させた、正義のないものになりました。それはタマルの兄アブサロムの心を深く傷つけ、怒りと恨みを残しました。それが後のアブサロムの大々的な反乱の元になったと言われます。親と子の問題の難しさは、人間の深みに根ざし、現代にも継続しています。

父親は子をどう育てたらよいのでしょうか。聖書はこの難問に対し単純明快に語ります。「主がしつけ諭されるように、育てなさい」。本来の意味はもっとはっきりしています。「主のしつけと諭しの中で育てなさい」、「主のしつけによって育てなさい」と訳してよいものです。「主のしつけ」を口語訳聖書は「主の薫陶」と訳しました。使われているギリシア語はパイデイア、教育学ではよく知られたギリシア語で、「教育」と訳されます。「主御自身がしてくださっている教育」があると言うのです。

子供たちには「主にあって」従いなさい、つまり主の救いにあずかる中で主の御意志に従って、両親に従い、父と母を敬いなさいと言われました。父親たちには「主のしつけ」によって育てなさいと言われます。親と子のどちらも、神の御意志、神の御支配に従うように言われているわけです。教育の決め手は神の御意志、神の御支配にあると言われます。

主のパイデイア（教育）は、「しつけ」と訳され、また「薫陶」とも訳されました。同じこの言葉が用いられてよく知られている箇所は、ヘブライ人への手紙一二章です。「わが子よ、主の鍛錬を軽んじてはいけない」。「なぜなら、主は愛する者を鍛え、子として受け入れる者を皆、鞭打たれるからである」。「あなたがたはこれを鍛錬として忍耐しなさい。神はあなたがたを子として取り扱っておられます」。ここに言われる「鍛錬」、それによって神の子として扱われているのが分かる、その鍛錬がパイデイア、主の教育です。

私たちは、主キリストが代わって十字架に死んでくださったことによって神の子とされました。その私たちにいろいろな試練が与えられます。しかしそのすべては、主が愛する者を鍛え、子として生きるように育てておられるしつけであり、薫陶であり、鍛錬だというのです。その主のしつけによって親は子を育てなさいと言われます。

そうであれば、人生で受ける試練を主の鍛錬、主の教育として受け取ることが肝心でしょう。そのためには主を知る信仰がなければならないでしょう。主を知る信仰が伝えられて、主の御意志が分かることで、主のしつけを受け止めることができます。

子供を育てることは、ただ親の安心や家族の繁栄、将来の不安に対する経済投資のレベルで考えるものではありません。国家のためや社会のためでもありません。そうでなく子供が主を知る信仰によって神の御支配と神の御意志を信じ、神の御意志のもとで子とされて生きるためです。

親と子の関係の中で信仰が継承され、神の救いの歴史が進む。そのための親と子だと言われます。神の意志と神の支配が遂行するのは「神の国」のためと言ってもよいでしょう。主にあって親と子は神の国の前進に仕えます。

教育は親のためでも、家族のためでもないと申しました。本来伝えられるべきものが伝えられていく教育は、救われた者が救われた人生を神の国のために生きるためです。そのように神の御心を知り、神の御意志をなしていくためです。本当の教育が「主の教育」「キリストのしつけ」によることを、主にある教会は知っていなければならないでしょう。神の子とされた者が、子とされた命を神の御意志のもとで生きるように育てられていく、そういう教育があることを教会だけは知っていなければならないと思うのです。神の国のための親と子のあり方があり、子のために教育がなされるのは、神の国のためであって、その教育が本当の意味で、世の救いのためになることも明らかでしょう。

六章5－9節

主に仕えるように人に仕えなさい

奴隷たち、キリストに従うように、恐れおののき、真心を込めて、肉による主人に従いなさい。人にへつらおうとして、うわべだけで仕えるのではなく、キリストの奴隷として、心から神の御心を行い、人にではなく主に仕えるように、喜んで仕えなさい。あなたがたも知っているとおり、奴隷であっても自由な身分の者であっても、善いことを行えば、だれでも主から報いを受けるのです。主人たち、同じように奴隷を扱いなさい。彼らを脅すのはやめなさい。あなたがたも知っているとおり、彼らにもあなたがたにも同じ主人が天におられ、人を分け隔てなさらないのです。

今朝の聖書の箇所は、「奴隷たちよ」という呼びかけから始まっています。新約聖書が書かれた古代ヘレニズム社会は、奴隷が社会の基本構造に組み込まれた奴隷制社会でした。教会の中にも多くの奴隷たちがいたと思われます。彼らはそれぞれの主人のもとで、場合によってはむごい扱いを受けて苦しんでいました。今日、奴隷制度は廃止され、どんなに貧しい人であっても、その人権は尊重されなければなりませんし、通常、尊重されています。

それでは今朝の聖書箇所は昔には当てはまったが、今日では通用しないと言うべきでしょうか。そうではないでしょう。なぜなら、人間は奴隷制の廃止といったことでは解決のつかない、さらに根本にある問題を抱えており、今朝の聖書はそのところを突いて語っているからです。

それはいったい何かと言いますと、「人として生きる」とはどういうことかという問題です。人間は常に他者と共に、他者との関係の中で生きています。直接的にせよ間接的にせよ、他者との関わりのない人生はありません。その他者との関わりで、「仕える」ことが肝要と聖書は語ります。いったい、他者にどう仕えるのが人間なのでしょうか。人間が人間に仕えるというのはどういうことでしょうか。この問題の難しさをよく知っていたのは、まさに古代社会の奴隷たちでした。彼らはそれがどういう難しい問題であるかを身をもって知る立場にいたわけです。

彼らに向かって聖書は「奴隷たち、キリストに従うように、恐れおののき、真心を込めて、肉による主人に従いなさい」と言います。「恐れおののき」というのは、「肉による主人を恐怖せよ」という意味ではありません。そうでなく、救いに入れられたキリスト者として、神に対する厳粛な畏敬に生きよというのです。キリスト者とされた奴隷として、「人にへつらう」のでなく、したがって「うわべだけで仕えるのでなく」と言います。へつらってうわべだけで仕えるのは、言うまでもなく身を守るためでしょう。そうすることが上手に生きる道であることを、彼らはよく知る立場にありました。現代人もまたそうした知恵をそれぞれに持っているのではないでしょうか。しかし「人に仕える」のは、キリスト者として、他者へのへつらいでなく、神への畏敬の念をもって真心を込めて生きる生き方としてあるのだと言います。「キリストの奴隷として、心から神の御心を行い、人にではなく主に仕えるように、喜んで仕えなさい」と聖書は言います。卑屈にでなく、確信を持って、いわばしっかりと人に仕える生き方があると言うのです。

「主に仕えるように」とは、主イエス・キリストに仕えるようにということで、そのように、人に仕えるのだと言います。奴隷解放のもう一つ先にある問題、キリスト者としての生き方を聖書は語ります。ここに今朝の御言葉の核心部分があると言ってよいでしょう。あなたがたは肉の主人の奴隷であるより、主イエス・キリストに仕える人、キリストの僕ではないか。他の人の奴隷でなく、キリストを主と信じ、主に仕える、キリストの僕、キリストの奴隷になったのです。そして主キリストに仕えることが「神の御心」を行うことです。なぜなら神の御心はキリストに現れており、キリストは神の御心だからです。サクレ・クール、聖なる御心はキリストです。その主イエス・キリストに仕えることは、神の御心を行うことになるでしょう。

それでは、キリストに仕えることはどのようになされるでしょうか。それは、他の人に仕える中でなされます。キリストに仕える人は、他の誰にも仕えない孤独な生活者になるわけではありません。そうでなく、それぞれの身近に与えられている人、あるいは遠くにいる人に仕え、一人に、あるいは数人に、さらには多くの人々に仕えることもあるでしょう。そうする中で、主イエスに仕えることができるわけです。そうでなければ主に仕えることはできません。主に仕えることは、他の人々に仕える中で初めてなされることです。その人々に主イエスが仕えておられるからです。

主イエス御自身は、「人々から仕えられるため」に来たのではないと言われました。そうでなく、私たちに「仕えるため」、そして「多くの人の身代金になるために来た」と言われたのです。仕えるというなら、私たちに仕えてくださる主イエスに何とかして仕えたい、それが救いに入れられた者としてのキリスト者の生き方ではないでしょうか。それには主が与えてくださっている人々、そして主御自身が仕えている人々に仕えることになるわけです。

「善いことを行えば、主から報いを受ける」ともあります。「報い」、つまり「報酬」は、主キリストから来ます。他者から求めるものではないということでしょう。クロムウェルの言葉を思い起こします。彼は自分の人生は、主イエス・キリストから莫大な報酬をすでに「前受金」の形で受け取った人生だと言いました。主の十字架による赦しを与えられ、復活の主によって新しい命を受け、神の子とされた名誉も受けています。赦しと義と聖化の恵みをすでに受け、神の国を本国として受けています。主の召しを受けて、証人ともされています。「豊かな報酬」をすでに受けた私たちが、他の人に仕えて、善いことを行うのは、当然のことと言えるでしょう。

5節から8節までが「奴隷たち」への語りかけですが、「主人たち」への言葉は、9節に短く語られるだけです。「同じように奴隷を扱いなさい」というのがその一つです。「同じように」と言うのは、自由人たちと分け隔てなく同じようにということです。もう一つは「彼らをおどすのをやめなさい」です。そしてその理由が語られます。短い文章ですが、その内容はまさしく革命的です。「彼らにもあなたがたにも同じ主人が天におられ、人を分け隔てなさらないのです」と言われます。肉の主人と奴隷たちとに同一の天の主がおられる。奴隷の所有者もまた、同じ主の奴隷なのだと言うのです。そして天の主は人を分け隔てなさらない。この言葉は根本的には奴隷制度を廃止しています。

人類史上、奴隷制廃止は一九世紀半ばのことでした。なんと遅い人類社会の歩みであったことかと思わされます。神はとっくにそれを廃止し、そのことを聖書はとっくに告げていたのです。

奴隷制社会は、主人と奴隷たちとを厳しく区分しました。しかし聖書は、主人にも奴隷たちにも同じ天の主がいる、そして神は人を分け隔てなさらないと語ります。この言葉は、神が真実の主であって、「肉の主人」は本当の主人ではないということも含むでしょう。そして真の主人は、あなたとあなたの奴隷とを分け隔てなさらない、つまりはあなたは主人でなく、あなたの奴隷と共に天の主の僕なのだと言うのです。この御言葉は奴隷制度を廃止しているだけではありません。いろいろな形態を取って繰り返し人類の中に現れてくる人間を分け隔てする考え方、そういう心や仕組みを退けます。それらは主こそが真に主であることによって廃棄されています。

そのうえで、真実の主は仕えられるためでなく、仕えるために来てくださったと知りますと、主に仕えることは、俄然、「喜び」になるのではないでしょうか。人に仕えることで、主御自身に仕えることができる。それゆえ「喜んで仕える」ことができるでしょう。

今朝の御言葉は、キリスト者とは何かを語っています。キリスト者とは、主イエスを主と仰ぐ者たちであって、あらゆる偽りの主人の支配から自由に解き放たれた者たちです。へつらうことはもはや無用です。その上、キリスト者は、唯一の主であるイエス・キリストによって逆に仕えられて、神の子とされています。だからこそ、与えられた自由を愛をもって生きて、人々に仕えようではありませんか。喜んで人に仕えるのがキリスト者でしょう。そうすることによって主イエス・キリストに仕えることができるからです。

六章10－13節

主にあって強くされなさい

最後に言う。主に依り頼み、その偉大な力によって強くなりなさい。悪魔の策略に対抗して立つことができるように、神の武具を身に着けなさい。わたしたちの戦いは、血肉を相手にするものではなく、支配と権威、暗闇の世界の支配者、天にいる悪の諸霊を相手にするものなのです。だから、邪悪な日によく抵抗し、すべてを成し遂げて、しっかりと立つことができるように、神の武具を身に着けなさい。

エフェソの信徒への手紙によって説教をして最終段落になりました。10節に「最後に言う」とあるとおりです。「最後に言う」という言葉を聞いて、この手紙を受け取った教会の人々はこれまでずっと読み聞かせられてきて、改めてここで姿勢を正し、最後の言葉を聞こうとしたのではないでしょうか。私たちもそうしたいと思います。

最後の言葉は「主に依り頼み、その偉大な力によって強くなりなさい」です。「強くなりなさい」とあるのは、「強くされる」という受動形の言葉が命令法で書かれています。ですから

「強くされなさい」でしょう。自分の力で強くなれというのではありません。主にあって強くされるようにと言うのです。「主に依り頼み」とあるのは単純に「主にあって」という言葉です。キリスト信仰者の強さは自分の中から絞り出すのでなくて、主イエスにあることから来ると言います。主にある者とされたことからおのずと来る強さがあるのです。ですから「主イエスにあって」に重ねて、さらに「主の偉大な力によって強くされなさい」とも言われます。「主の偉大な力によって強くされる」とはどういうことでしょうか。これが問題でしょう。

しかしその前に、なぜこの手紙は最後になって「強くされるように」と言うのでしょうか。最後に何を言うかは、その手紙全体が結局のところ何のために書かれたかを表すでしょう。その意味で強くされることが重大というのは、なぜでしょうか。理由は、信仰生活つまりは教会生活が試練の中にあるからです。ここに「邪悪な日」という言葉が出てきます。そして「戦い」が語られます。教会もキリスト者もいま「邪悪な日」の中で「戦い」の渦中に置かれているというのです。このことは手紙の受け取り手、エフェソ地方の諸教会とその信徒たちだけのことでなく、著者自身を含めた共通の問題でした。12節には「わたしたちの戦い」ともあります。信仰者が皆共に邪悪な日の戦いの渦中にあります。神の国はまだまったき仕方では来ていません。神の国のまったき実現がなお将来のことということは、今なお邪悪な日とその中での戦いが残されているということです。

そのキリスト者の「戦い」が二つの角度から記されています。一つは、「戦い」は遠くの敵と距離を隔てて争う戦いではないということです。そうでなく取っ組み合いの肉弾戦を意味する言葉で語られます。敵との接近戦、剣をもって敵とまみえる白兵戦、それだけ必死の戦いがここでは意味されています。このことはすぐ後に出てくる武具を見ても分かります。遠くの敵を倒す石投げや弓矢でなく、剣が戦いの武器です。しかしそれについては次回に扱うことにして、ここではもう一つの特徴に注意しましょう。

もう一つの特徴は、「血肉を相手にするものではない」と言われていることです。「血肉」とは一人一人の具体的な人間のことです。教会とキリスト者の戦いは、そうした人間を敵とする戦いではありません。キリスト者の戦いは人間を敵にする戦いでないということは心に覚えたいと思います。具体的なあの人、この人が敵ではありません。そうでなく、その人たちを動かす背後の力、「闇の世界の支配者」が戦いの相手なのです。

パウロはそれを「悪魔」という表現で表しました。悪魔は正体を隠す邪悪な力です。人間を誘惑し、罪に誘い、その罪に付け込んで人間を告発し、神から引き離し、不安に陥れます。誘惑や告発によって人間を動かし信仰を失わせ、神との関係、そこにある平和を破壊し、あらゆるものを破滅に引きずり込む力です。教会とキリスト者の戦いは「悪魔の策略に対抗」する戦いと言われ、「支配と権威」、「天にいる悪の諸霊を相手にする」戦いであると言われます。

「悪魔」についてもう少し付け足しますと、キリスト教信仰は悪魔が人格的な存在としてあるとかならずしも信じているわけではありません。人格的な悪魔がいると信じる人がいるかもしれませんが、信じない人も多いでしょう。聖書には確かに悪魔の記述が出てきます。しかし重大なのは、悪魔の力は到底神の力に匹敵するものではないということです。そこで教会の伝統的な「悪魔論」は、悪魔は神の被造物である天使が堕落したもの、堕落天使のことだと考えてきました。天使は人間以上の力を持ちます。しかし神の被造物であって、神と競って争えるようなものではありません。私たちは悪魔という人格的で邪悪な支配者や誘惑者を信じるのでなくとも、神の国のまったき到来の以前にあっては、人間を脅かす「悪魔的な力」が世に働くことはわきまえるべきと思います。何もかも人間の理性や科学や文明の力によって処理できるかのような楽観主義は聖書の見ている現実を見誤るでしょう。楽観主義からは人間の傲慢や、そして怠惰が生じてくることが多いのです。

人間の理性や文明の発達によってすべての問題が解決するわけではありません。人間の科学技術や文明の精華が、非合理な戦争に悪用される歴史の現実を見れば、誰も文明が進めばことは解決するとは考えないでしょう。どんな文明も悪魔的な力に利用されます。現代はそうした文明の弱点や、人間の理性が悪魔的な力に利用され翻弄される事実を経験しているのではないでしょうか。エフェソの信徒への手紙が記された時代も、人間の文明では乗り越えられない悪や破壊の力によって、人々は脅かされ、〈世界不安〉の中にいたと思われます。

最近、ある教会の牧師からメールをいただきました。秋に修養会を持ちたいということで、どういう主題で修養会を持つか相談したそうです。「信仰の継承」とか「老いと信仰」といった題も挙げられたそうです。しかし一番に挙げられたのは「危機の中の信仰――戦争や疫病を踏まえて」という題だったと言います。エフェソの教会が直面していた時代の危機や世界不安の問題を私たちの時代も感じているのではないでしょうか。

人間を超える悪魔的な力が人々を脅かすとき、これに対抗して立ち、これに打ち勝つことができるのは、「主にある」ことによってです。エフェソの信徒への手紙が言うように「主の偉大な力にあって」「強くされる」ことによってです。「主にあって強くされなさい」。この御言葉は現代の私たちにも向けられていると言わなければなりません。

強くされるのは「主にあることによって」、そして「その偉大な力によって」です。「偉大な力」という言葉は、「強さ」や「力」を意味する言葉が二つ重ねられている言葉です。「主の力ある力」とか「主の強さの強さ」と訳してよい言葉です。それが「偉大な力」と訳されました。同じ言葉が、すでにエフェソの信徒への手紙一章19節に用いられていました。独特な言葉で表された「偉大な力」が繰り返し語られます。ここにこの手紙の重大な主題の一つがあるからです。

「偉大な力」は一章19節では「絶大な働きをなさる神の力」と訳されました。その力は神の力であって、それがキリストに働き、キリストを死者の中から復活させ、天において神の右の座に着かせ、すべての支配、権威、勢力、主権の上に置き、今の世ばかりでなく、来るべき世にも唱えられるあらゆる名の上に置かれたと言われたところです。その偉大な力によって神は「すべてのものをキリストの足もとに従わせた」と言います。ですからキリストの偉大な力、その強さある強さは、キリストが悪魔的な勢力をも従えて万物の頭であることに示されています。キリストは万物を足もとに従える頭です。神の偉大な力を帯びた復活者キリスト、そのキリストが教会の頭です。

「その偉大な力によって強くされなさい」と言うのです。そのためには、偉大な力のイエス・キリストを「わが主」と信じ、「教会の頭」と信じることでしょう。ここにエフェソの信徒への手紙全体の主題があります。この手紙の主題は万物を従わせる「偉大な力」のキリストです。そうであれば、当然、教会と私たちキリスト者は「その偉大な力によって強くされなさい」と勧められるわけです。

死人の中から復活され、神の右の座に着いておられる復活者キリストがすべての支配、権威、勢力、主権の上にあり、すべてのものを足もとに服させました。この主こそ偉大な力のお方と信じる。それが「イエスは主である」と信じることです。その主にあることは、あなたを強くするでしょう。その偉大な力にあってしっかりと立つことができるからです。だから主にあることによって強くされ、無力感から解き放たれ、悪魔的な力との肉弾戦においても、主の偉大な力にあってしっかりと立つようにと言うのです。〈イエスは主である〉と信じることで、ふらふらしなくてよいのです。どんな時にも偉大な力の主を信じて、ふらふらするなと言われています。

六章14－17節

平和の福音の戦士

立って、真理を帯として腰に締め、正義を胸当てとして着け、平和の福音を告げる準備を履物としなさい。なおその上に、信仰を盾として取りなさい。それによって、悪い者の放つ火の矢をことごとく消すことができるのです。また、救いを兜としてかぶり、霊の剣、すなわち神の言葉を取りなさい。

信仰生活は戦いの中にあります。それでキリスト者は時には「キリストの兵士」（クリスチャン・ソルジャー）と言われ、教会は「戦闘の教会」（エクレシア・ミリタンス）と呼ばれます。今朝の聖書の箇所は、キリスト者が兵士のように身に着ける「神の武具」の一式を記し、エフェソの信徒の手紙の中でよく知られた箇所になっています。「平和の福音」を告げるキリスト者が同時に「武具を身にまとう戦士」として描かれるのは、矛盾のように思われるかもしれません。しかし信仰の現実としてこのとおりと言うべきでしょう。「平和の福音」を伝える活動は悪魔的な力との戦いの中にあり、信仰生活が戦いであることは終わりの時のまったき完成を前にした中間時にあっては、そうでなければならないこととして、誰もが経験していることでもあります。

キリスト者がその戦いの中で身に着ける武具としてここに「六つの武具や武器」が挙げられています。初めにそのうちの三つが語られます。「腰」に締める「真理の帯」、「正義の胸当て」、そして平和の福音を告げる準備の「履物」の三つです。それから「なおその上に」と言って、16節、17節で「信仰の盾」が語られ、「救いの兜」、そして最後に「霊の剣」すなわち「神の言葉」が語られます。初めの三つは「帯」も「胸当て」も「履物」も身に着ける武具ですが、後の三つ、「盾」と「兜」と「剣」は手に取る武器です。後の三つの武器は次回に学ぶことにして、今朝は初めの三つの武具をもう少し丁寧に受け止めたいと思います。

注意すべきは、初めの三つの武具を身に着けるにあたり、「立って」と言われていることです。「立つ」という言葉はこの短い数節に三回出てきます。11節に「悪魔の策略に対抗して〈立つ〉ことができるように」、13節に「しっかりと〈立つ〉ことができるように」、そして14節に「〈立って〉、真理を帯として腰に締め」と言われます。横になったり、座って、あるいはあぐらをかいて武具を身に着けるわけにはいきません。武具は立って身に着けるものでしょう。

ここで六つの武具で身支度をする戦士の姿がどういう背景から書かれているかという問題があり、聖書解釈のうえでは議論があります。ある人はこの手紙が書かれた時代からしてローマの兵士が装備を整えて遠征に出かける姿が背景にある、その連想からキリスト者が戦士として記されていると理解します。特に履物について言及しているのは、ローマ軍が当時、世界の果てまで伸びたあのローマの街道、軍道でもあった街道を行く、その長行軍にのぞむ身支度があったと言うのです。その身支度に当たり「立って」、胸当てを着け、履物を履いたのではないかと言います。

これに対し、いや、戦士の姿は旧約聖書の伝統の中にあるというさらに有力な解釈があります。「万軍の主」(ヤーウェ・ツェバオス)という言い方があるように、例えばイザヤ書五九章に主なる神御自身が戦士として描かれます。「恵みの御業を鎧としてまとい、救いを兜としてかぶり、報復を衣としてまとい、熱情を上着として身を包まれた」(五九17)とあります。さらにはメシア預言も「戦士であるメシア」を記し、「正義をその腰の帯とし、真実をその身に帯びる」(イザ一一5)と語られます。神とそのメシアが戦士であれば、その姿が信仰者一人一人に移されて、「戦士としてのキリスト者」が描かれるのは当然のことと考えられます。

この伝統からしますと、「立って」ということはただ武具を身に着けるために立つのでなく、戦いの主である神の勝利を背景にして、神への信頼にしっかりと立つことであると分かるでしょう。「立つ」のは「ただ堅く立ち、抵抗する姿」です。悪魔と華々しく戦いそれを征伐する姿ではありません。悪の力を現実的にわきまえ、それに抵抗するのであって、自分でそれを絶滅することができるように思い上がることではありません。ただそれに屈しない。万軍の主である神とそのメシア、イエス・キリストの勝利の中に揺るぎなく立ち続けるのです。

悪や罪に対するキリスト者の戦いは、決して攻撃的な戦闘ではありません。むしろ防衛的な戦いです。その中で堅固に立ち、抵抗して屈しないことはすでに勝利です。このことは次に語られるいろいろな武具によく現れています。

真理は腰の「帯」です。帯がなぜ武具なのでしょうか。帯は身に着けている衣が絡まったり、はだけたりせず、しっかりと体を覆い守るように引き締めるものです。そして敏捷に動くことができるようにします。攻撃的な意味での武器ではありません。しかし信仰生活の全体が神の真実によって引き締められ、堅固にされます。神の真理、神の真実が信仰者を引き締める帯です。

そして「義の胸当て」ですが、胸当ても攻撃ではなく、守りの武具です。悪魔は人間を誘惑し、突き刺すでしょう。悪魔によって突き刺された人は不安にさせられます。その不安に悪魔はさらに付け込みます。しかし神はその「義」によって私たちの罪を赦し、罪にまみれた私たちを「義」としてくださいます。「正義の胸当て」の正義は、私たち自身が正義だというのではありません。欠けあり、罪あり、問題だらけの私たちが、それにもかかわらず義と宣告されます。神から宣告されたその義が胸当てとして私たちを守ります。主の贖いに根拠を持って、神の義が私たちを守るわけです。罪を赦し、罪びとを義とする神の義は、悪魔の告発を退け、私たちの魂を不安から守ります。あなたは赦されたという神の判決は、私たちの心が罪の咎めや負い目によって傷つき破滅することから守ります。そのようにして私たちの命の中心が守られます。神の義が私たちの胸と心臓を守る胸当てとなってくれます。

帯と胸当てに次ぐ第三の装備は「履物」です。履物は「平和の福音を告げる準備」と言われます。平和の福音を告げるには、その準備をするでしょう。その準備がすでに戦士の装いだと言うのです。伝道のただ中に戦いがあるでしょう。しかしその前に伝道に出で立つ準備がすでに武具なのです。

伝道は「平和の福音」を伝えます。福音は主イエス・キリストにあって神が勝利したという知らせです。エフェソの信徒への手紙では、主イエス・キリストの十字架が「隔ての壁」を打ち壊したと語られます。キリストはまた十字架によって「敵意を滅ぼした」とも言われ、敵対する双方を主にあって「一人の新しい人に造り上げて平和を実現した」(二15)とも語られます。キリストの福音は「平和の福音」ですから、キリスト者の戦いは「平和の福音」を告げる戦いです。

伝道に出で立つ「準備」は履物という「足」もとの備えを整えることで語られます。長行軍に耐えるローマの兵士の履物のイメージと解釈されると言いました。これもまた聖書の伝統の中に背景を見ると、聖書には福音を告げる者の「足」に注意を向けている箇所があります。イザヤ書五二章7節に神の支配の到来を告げ知らせる者の足は美しいと歌われます。彼はその知らせをたずさえ山々を越えて来たり、いまそれをイスラエルの民に聞かせようとしています。「神こそ王にいますと告げる」その者の足は美しいと言うのです。「いかに美しいことか、山々を行き巡り、良い知らせを伝える者の足は。彼は平和を告げ、恵みの良い知らせを伝え、救いを告げ、あなたの神は王となられたと、シオンに向かって呼ばわる」。「神こそが王」と告げる者の美しい足、これがこの箇所の履物の叙述の背後にあると思われます。

古代ローマの格言に「もし平和を欲するなら、戦争を用意せよ」という格言があったそうです。戦争に対する備えがなければ平和は維持できないというのです。今日も同じように言われます。ウクライナに対するロシアの侵略や台湾に対する中国の様子を見て、日本でも「平和を欲するなら、戦争の用意をせよ」という発言が聞かれるようになりました。確かに軍事的に無力になるだけでは、他国から侵略を受ける可能性はなくなりません。他国から見て侵略できる、だからしようと思わせるのは、誘惑を与えることで、正しいことではないでしょう。

しかしパウロは、信仰の戦いにおいて「戦争の用意をせよ」とは言いませんでした。そうでなく、平和の福音を告げる準備こそが、神の武具なのだと言います。そこである神学者は、ローマの格言を言い直しました。「平和を欲するなら、戦争の用意をせよ」ではなく、「戦争を欲しないなら、平和を用意せよ」と。平和の福音を告げる備えができている。いつでも平和の福音を告げることができる。それが教会の備え、キリスト者の備えです。国がどうするか、それはそれぞれの国の議会や種々の会議で議論し決議するでしょう。しかし教会がどうするかは御言葉から聞かなくてはなりません。そしてそれは明らかです。

キリストが十字架の死によって勝ち取ってくださった平和を告げるのが教会です。そのために教会は「平和の福音」を告げる準備をします。そのとき教会は神の平和の中で「一つの群れ」とされていることを確認するでしょう。キリストの十字架の福音によって「新しい一人の人」にされたのがキリストの教会だからです。

皆さん、神の勝利を信じて揺るぎなく立っていますか。神の真理の帯で身をしっかりと引き締めていますか。神の義の胸当てによって命の中心を守られていますか。福音を告げる備え、履物のひもはしっかりと結ばれていますか。すでにひもはしっかりと結ばれている。それがキリスト者の戦いの備えです。

六章16節

信仰の盾を取りなさい

なおその上に、信仰を盾として取りなさい。それによって、悪い者の放つ火の矢をことごとく消すことができるのです。

キリスト者の生活は、誰の場合も、それぞれに試練や困難を与えられています。その中で信仰を証しし、主イエスの福音を伝えるのが「キリストの兵士」としての信仰者の生き方でしょう。教会もまた福音を伝える教会として「戦闘の教会」の歩みを進めます。これらはいずれも決して大袈裟な表現でなく、歴史の中での教会と信仰者が戦いの中にあることを示していると言わなければならないでしょう。戦いの中でキリスト者の身にまとう武具がすでに三つ挙げられました。「真理の帯」、「正義の胸当て」、そして「平和の福音を告げる準備の履物」でした。

本日の箇所では、「なおその上に」と言って、手に取る武器として「信仰」が挙げられます。さらに17節で「救いの兜」と「霊の剣」が加えられます。今朝は「信仰の盾」を取りなさいと言われている御言葉に注目したいと思います。

「なおその上に」と言われている言葉は、「すべてにおいて」と訳すこともできる表現で、真理の帯も義の胸当ても、福音を告げる準備の履物も、そのすべてがすでに信仰によって身に着けるものです。真理の帯で身を引き締めるのは、神の真理を信じ、神が真実な方であることに信頼を置くことによってです。義の胸当てをつけるのも、赦し、義としてくださる神の義を信じることによります。キリスト者の戦いの武器はすべてにわたって神を信じる信仰によっていると言うべきでしょう。

しかしそれにもかかわらず、「なおその上に」と訳されていることの意味はあります。信仰によって身に帯びた三つの神の武具のうえで、なおもう一つ「信仰の盾」を手に取りなさいと言われます。キリスト者は確かに主イエスにあって神を信じます。「あなたは信じていますか」と問われれば、私自身の不信仰があり、信仰の弱さがありますけれども、それでも神の赦しを信じ、キリストと御霊の執り成しを信じて、「私は信じます」「信じています」と応えるでしょう。

しかし問題はただ信じるだけでなく、「信仰の盾を取りなさい」、「信仰を盾として取りなさい」と言うのです。あなたは神を信じ、主イエスを信じ、御霊の執り成しを信じています。しかしただ信じているだけでなく、その信仰があなたの「盾」になっていますかと問われるのです。信仰を盾にして戦っていますか。信仰生活の戦いの中で、信仰を盾として取りなさいと言うのです。

「盾」とあるのは、丸い小さな小盾とは別の言葉です。体の全部を覆う長大な盾、「大盾」です。当時最強のローマ軍が陣を敷いた際の大盾の連想が背後にあると言われます。しかし旧約聖書もまた小盾だけでなく大盾を知っていました。詩編にそれが出てきます。「神のまことは大盾、小盾。夜、脅かすものをも、昼、飛んで来る矢も恐れることはない」(九一4)。詩編三五編にも言われます。「主よ、わたしと争う者と争い、わたしと戦う者と戦ってください。大盾と盾を取り、立ち上がってわたしを助けてください」。

私たちは主イエスを信じて、信仰生活を生きます。ですから信仰を持っています。しかし今朝とりわけ聞くべきは、あなたのその信仰が盾になっていますかということです。あなたの全身を信仰の大盾によって守っていますか。

「宝のもち腐れ」という表現がありますが、私たちがもし漠然と信じているだけなら、私たちの信仰は「宝のもち腐れ」になってしまうでしょう。あえて言いますと、あなたの信仰は役に立っていますかと問われているのです。

「役に立つ」と言えば、家内安全や商売繁盛の御利益宗教に似た話になりそうですが、そうではありません。カルヴァンは厳格な宗教改革者でした。しかし彼は信仰の「益」についてよく語りました。信仰は人生の余分でもなければ、遊びでもありません。真剣なあり方です。その信仰が役に立っているかということは、正確に言えば、信仰としての本来の力を発揮しているかということです。それには信仰を「盾」として持つのでなければなりません。なぜでしょうか。

それは「火の矢」が飛んで来るからです。「火の矢」が飛んで来るとき、信仰本来の力が発揮されなければなりません。古代の戦争で押し寄せる大群と戦う包囲戦の最終決戦には「火の矢」が飛んできました。それに耐えて勝利できるかどうかが運命を分けました。

信仰生活の火の矢は「悪い者」によって放たれます。「悪い者」とは、主の祈りの中で「われらを試みに会わせず、悪より救い出したまえ」と祈られる、あの「悪」と同じ言葉です。「悪い悪魔的な者」を意味します。主の祈りを祈る度に「悪い者の放つ火の矢」を覚えて、信仰の盾を取るとも言えるでしょう。

「盾」となる「信仰」とは何でしょうか。私たち自身が信じる決意やその実行、ようするに信じる主体である私たち自分の行動が盾になるでしょうか。私たちの信仰が持っている理解、人によって深かったり浅かったりする信仰の理解が盾でしょうか。立派な信仰は盾になるが、弱い信仰は盾にならないのでしょうか。そういう話ではないと思われます。信仰はたとえどんなに小さな信仰であれ、それ自体何の頼りにもならないような信仰であっても、信仰は神様に捕らえられていてこそ信仰です。信仰は私たちが何かをつかむことではありません。そうでなく神に捕まえられることです。信じる私たちのことを言えば、神なしには生きられないはずの私たちですが、それにもかかわらず神をないがしろにし、繰り返し神を無視するのではないでしょうか。しかし今、それでも私が信じているのは、神が選び、捜し、見つけ出し、赦し、捕らえてくださる。その神に知られ、捕らえられているからで、そのことを信じる信仰によってです。ですから信仰の中で働いているのは、私ではありません。神が働いてくださっています。そう信じるのが信仰です。

ですから、信仰を盾にするとは、私自身の決意や行動でなく、神が盾になってくださるとの信仰です。「信仰の盾」とは、神御自身が私たちの盾になってくださることです。私たちの盾として縦横無尽に働いてくださいます。その神を信じるのです。

創世記一五章にはアブラハムがまだアブラムと言っていた頃、契約の主である神がアブラムに語った約束の言葉が記されています。「これらのことの後で、主の言葉が幻の中でアブラムに臨んだ。『恐れるな、アブラムよ。わたしはあなたの盾である』」。契約の主なる神は私たちの盾でいてくださいます。「信仰の盾を取りなさい」という言葉は、神が私たちの盾であり、神の義と真実、そしてその御力によって私たちを守ってくださる、その神を信じなさいということです。神御自身が盾でいてくださる、その神を信じることが、信仰の盾を取ることです。

このことから、「それによって悪い者の放つ火の矢をことごとく消すことができる」と記されている意味が分かります。信仰生活の状況は悪魔的なものによる包囲戦の攻撃のごとく火の矢を受けると言いました。「ことごとく」とあるのは本文に「あらゆる火の矢」「すべての火の矢」とあるからです。火の矢は一本や二本ではありません。さまざまな火の矢、あらゆる火の矢が悪しき者から放たれます。内的な罪の誘惑もあるでしょう。外から無理やり悪に引き込む火の矢、心に突き刺さり、傷つける火の矢もあります。怠惰に誘う火の矢もあり、嘘をついて言い抜けようとさせる虚偽の火の矢も、欲望に駆り立てる火の矢もあり、人を高慢にさせる火の矢もあります。悪い者の放つ火の矢を免れることのできる人間は一人としていません。そしてその中から犯罪も発生します。政治家も経済人も、スポーツ選手も、先生と呼ばれる人たちも、学者、宗教家も皆、誰一人、その矢を免れることはできません。

それだけではないでしょう。キリスト者の信仰を揺るがす試みがあり、信仰生活を妨げる世の出来事もあれば、信仰や教会に対する公然たる妨害が起きることだってあります。さまざまな方向から火の矢が飛んで来ると言わなければなりません。そのとき信仰者は信仰の盾を取るのです。

そして信仰の盾は「火の矢をことごとく消す」と言われます。通常であれば、大盾を振り回して火を消すことはできません。大盾で四方八方から放たれる包囲戦の火の矢を消すことはできないことです。しかし、信仰の盾によって神御自身が私たちの盾でいてくださるとき、話は別です。通常の盾がなし得ることを遥かに超えて、神御自身が御力を発揮し、ただ火の矢を防ぐだけでなく、その火をことごとく消し去り、戦いに勝利してくださいます。神がその御力を発揮してくださる。それがわが身に起きます。それが信仰の盾を取るときです。信仰の盾は、神が火の矢をことごとく消してくださったと思い至るまで、取り続けなければならないでしょう。信仰生活を歩むことは、火の矢をことごとく消し去ってくださる神、その憐れみの御力を信じて、勝利の神のもとで前進することです。

六章17節

救いの兜と霊の剣

また、救いを兜としてかぶり、霊の剣、すなわち神の言葉を取りなさい。

信仰生活は戦いの中にあります。それならばこそキリスト者は「神の武具」を身に着けるようにと言われました。「真理の帯」「義の胸当て」それに「平和の福音を告げる準備の履物」、そしてその上に「信仰の盾」を取りなさいと言われました。今朝はさらに第五、第六の武器として「救いを兜としてかぶり、霊の剣、すなわち神の言葉を取りなさい」と言われます。今朝はこの御言葉を聞きたいと思います。これによって初めに身に着ける三つの武具と、それから手に取る三つの武器が語られることになります。三＋三という話です。

しかし文章の形から言いますと、別の見方も成り立ちます。と言いますのは、14節の「立って、真理を帯として腰に締め」から16節の「悪い者の放つ火の矢を消す」までが一つの文章、ワンセンテンスで記されていて、17節以下は別の文章になっているからです。つまり三＋三ではなく、初めの四つが一つの文章で語られ、その後、二つの武器が新しい文章で語られるわけです。その文章が20節まで続いています。真理の帯、義の胸当て、平和の福音を告げる履物、信仰の盾の四つの武器がまず一続きで語られて、その後で新たな別の文章で「救いの兜」と「霊の剣」が語られ、それにはさらに「祈り」が加えられて、この手紙の最後を形作っています。四つの武具が語られた後、改めて二つの武器が語られるわけです。付け足しや余分の話でなく、改めて信仰者に与えられた必須の神の武器として、この二つを聞かなければならないことになるでしょう。

改めて語られる二つの武器の初めは「救いの兜」です。「神の義」が「胸当て」として胸を守るように、「神の救い」が「兜」として信仰者の頭部を守ります。「義の胸当て」は、神の義が働いて罪あるものの罪を裁き、そして赦し、罪ある者を義としてくださる神の救いです。神の武具や武器はみな救いであると言ってよいでしょう。神の真理の帯も神の救いの真理であり、救いが信仰者の身を引き締め、動きを確かにします。神の救いに守られているので、動きが取れるのではないでしょうか。平和の福音の履物も、神の救いによる平和の福音であり、信仰の盾も神御自身が盾となって、救いの中で覆い守ってくださいます。ですから神の武具はみな神の救いであり、救いによって守ってくださる。それが神の武具であり、神の武器です。信仰の試練や戦いの中で神御自身が勝利してくださり、救いを与えてくださることは、私たち一人一人の救いのためで、その神の救いがどんな時にも、身も心も守ってくださる神の武具ということではないでしょうか。そのことが、「救いの兜」、「神の救い」を「兜」としてかぶることで、いよいよはっきりすると言ってよいと思われます。

頭部を守られるということは、胸を守られるのと同様、身体上のもっとも重要な部分を守られることです。この重要部分はまた致命傷を受けやすい部分です。ですから頭を守られることで、身体全体を守られると言ってもよいでしょう。また頭部を守られることは、その頭の働き、物事を聞き分け、正しく判断し、感じ取ることも守られます。ですから信仰生活の内面の確かさを守られることでもあるでしょう。不安に怯えたり、はやまって絶望することのないように、罪の者を赦す神の義によって胸を守られるように、救いによって頭部を守られる必要があります。

青年の頃、シェイクスピアの『ハムレット』を読んだとき、「生きるか、死ぬか、それが問題だ」という有名なセリフが語られたところで、死は眠りにほかならないと言われ、しかし悪夢を見ることを畏れるという話が出てきたのが妙に記憶に残りました。死後も悪夢に悩まされるのを恐れる話です。人間は最後まで悪夢を見るのではないかということは、やはり救いが重大で、意識の底にある潜在意識、無意識も含めて、魂の底まで神の救いに入れられることの重大さを思います。「救いの兜」は人間のほんの一部を救いに入れるのでなく、その人の全部を救いの中に入れて守っているのだと思うのです。誰も悪夢にうなされたくはありません。年老いてたとえ悪夢にうなされる時があるとしても、救われた者としての平安は揺るぎがないはずです。神の救いの兜は揺るぎのない平安の守りです。

「救い」が「兜」だという表現は、旧約聖書イザヤ書五九章に出てきます。「救いを兜としてかぶり」という表現で、預言者は神の姿を戦いに勝つ戦士として語りました。預言者のこの信仰の伝統を受け継いで、パウロは主イエスにある神の救いを理解し、伝えました。テサロニケの信徒への手紙一、五章8節にそれが記されています。「わたしたちは昼に属していますから、信仰と愛を胸当てとして着け、救いの希望を兜としてかぶり、身を慎んでいましょう」と言われています。エフェソの信徒への手紙が「義の胸当て」と「救いの兜」を語るのと同様です。テサロニケの信徒への手紙では、それをキリスト者の信仰と希望と愛に結び合わせて、「義の胸当て」を信仰と愛に、そして「救いの兜」を希望に結び合わせました。それで「救いの希望の兜」と表現されました。

エフェソの信徒への手紙もテサロニケの信徒への手紙も共に同じ信仰の伝統に立っていることは明らかです。しかしその表現に多少の違いがあることも無視することはできません。テサロニケの信徒への手紙は、神から与えられた救いには終わりの時に成就する面があること、したがって今は「希望」によって救われていると語ります。「救いの希望の兜」と言います。しかしエフェソの信徒への手紙では、神の救いは将来のことではありません。復活のキリストが共におられる今、すでに実現しています。「救いの兜」は「救いの希望の兜」と言われず、すでに「救いの兜」です。すでに信仰者の頭部を、そしてその心をしっかりと守っています。救いはすでに実現しており、確定した神の揺るぎない救いが、今、現にあります。終わりに約束され、希望される神の救済がもうすでに実現していると言われ、「実現した終末論」の面があることがここには明らかです。決定的な神の救いの御業は、主イエスにあってもうすでに確定し、揺るぎなく実現しています。

どちらが正しいのでしょうか。両方とも正しいのです。まったき救済が将来来る、その希望によって今生かされているのも事実です。しかしまた、キリストによる救いはすでにキリストにあって実現しています。この「すでに実現した」という要素のないキリスト教信仰はないでしょう。その揺るぎない神の救いをただ「受ける」のです。救いの兜を受けるだけです。今現在の信仰生活の戦いの中ですでに救いを受けています。それが信仰の試練や戦いの経験の中で力を発揮するでしょう。

もう一つの武器は「霊の剣」です。「霊の剣」は「神の言葉」と言われます。この剣という言葉は大きな長剣ではありません。短剣を意味する言葉で記されています。ですから、大仰な武器ではありません。信仰者の誰もが使用でき、訓練次第で自由自在に使うことのできる有効な武器です。それが特に「霊の剣」と言われ、霊の剣である「神の言葉」と言われます。

ローマの聖ペトロ教会の入り口の広場に大きな二つの像が立っていたのを思い起こします。一つは大きな鍵を持った人物像、それは天国の鍵を授けられたペトロを意味し、もう一つは大きな剣を携えた人物像で、神の言葉を携えたパウロを意味しています。あの像の剣は長大な剣でした。しかし御言葉の剣は「短剣」として記されています。

この言葉は、「初めに言があった。言は神と共にあった。言は神であった」と言われるあの

「言」（ロゴス）とは別の言葉です。短剣としての神の言葉は、「神の口から出る一つ一つの言葉で生きる」と主イエスが言われたときの言葉、口から出る言葉、ロゴスでなくレーマです。大きな神の言葉から、霊による息遣いと結びついて発せられる一つ一つの小さな言葉です。だから「霊の短剣」と言われます。神の息である聖霊が神の口からの一つ一つの言葉を聞かせ、また私たちの口から出させます。この口からの一つ一つの言葉は、聖霊の力なしには語れません。しかし御霊が語らせれば、力強く語ることができる言葉です。口から霊の息吹と共に出る神の言葉、そして私たちの口から御霊によってほとばしり出る神の言葉が信仰者の短剣だと言うのです。適切な時に適切に語り出される神の言葉を「受けなさい」と言われます。

一つ一つの神の言葉を神の口から聞き、受け取り、信仰の迷いや誘惑に対し、あるいはまた激しい外からの圧迫や攻撃に対し、受けた神の言葉を口で語り、口ずさみます。そして神の息吹である御霊の息遣い、霊の力によって、自分の心に語り、他の人にも語ります。

今日聞かされた御言葉は「救いを兜としてかぶり、霊の剣、すなわち神の言葉を取りなさい」です。この言葉を口ずさみ、他者に語り、自分に語ろうではありませんか。それは、誘惑に耐え、困難な状況にも立ち上がらせる霊の剣であり、共に戦う戦友を助ける信仰者の有効な武器です。言葉をもって語り、悪しき者をくじくと共に、窮地に立った友を慰め、またどれほど奮い立たせることでしょうか。それが霊の剣です。語る言葉によって霊なる神の力が発揮されます。そのような霊の剣、一言一言の神の言葉を受け取ろうではありませんか。

六章18－20節

どのような時にも祈りなさい

どのような時にも、〝霊〟に助けられて祈り、願い求め、すべての聖なる者たちのために、絶えず目を覚まして根気よく祈り続けなさい。また、わたしが適切な言葉を用いて話し、福音の神秘を大胆に示すことができるように、わたしのためにも祈ってください。わたしはこの福音の使者として鎖につながれていますが、それでも、語るべきことは大胆に話せるように、祈ってください。

信仰者は試練の中、あるいはいろいろな戦いの中にあって、神の武具を身に着けるという御言葉を聞いてきました。神の武器として信仰を盾に、救いを兜に、そして霊の剣、御言葉の短剣を取りなさいとも言われました。その関連で今朝は「どのような時にも祈りなさい」と勧められています。「祈りの勧め」が神の武具や武器の話の締めくくりになっています。武器の話が最後に祈りの勧めで終わることは、不思議に思われるかもしれません。しかし考えてみますと、それはむしろ当然のこととも言えるのではないでしょうか。「救いの兜」をかぶり、「霊の剣」を取る人は、またどんな時にも祈る人ではないでしょうか。悪しき者と戦うことは、祈ることなしには不可能と言うべきでしょう。

主イエス御自身がどのような時にも祈る方でした。弟子たちを召して、世に派遣する時も、主イエスは夜を徹して祈り、十字架にお架かりになるときにも徹夜の祈りをなさいました。信仰がなくならないようにペトロのために祈り、私たちのためにも祈る主イエスがおられます。そして悪との戦い、悪霊との戦いの中で、主イエスは弟子たちに祈ることを勧めました。

主イエスの山上での変貌が記述された後、弟子たちが子供にとりついた悪霊を追い払うのに難渋し、それができなかったとき、主イエスは悪霊からの癒しの業をなさったうえで、「この種のものは、祈りによらなければ決して追い出すことはできないのだ」と言われました（マコ九29）。主の救いの御業は、病人の癒しも、罪びとの赦しも、多くの人々をパンと魚で養ったときにも祈りがあっての御業でした。

「どのような時にも祈りなさい」という言葉は、漠然と流れる時間でなく、すべて定められた時、特別な時に祈りなさいと言うのです。祈りの時として備えられた時、神の定めによって備えられた時があります。神が私たちの祈りを待っている時があります。そのすべての時に祈りなさい、だから絶えず目を覚まして、根気よく祈り続けなさいと言われるのです。そのように祈るのは、「霊に助けられて」だと言われます。御霊は私たちを執り成し、祈ることを可能にしてくださいます。

そして「祈り、願い求めなさい」と言います。ここには「あらゆる祈りと願い」を祈りなさいともあります。訳のうえでは省かれていますが、「あらゆる祈りと願いを、あらゆる時に霊にあって祈りなさい」と言うのです。一般の祈りの中にすでに願うことは入っていますが、それを特別に語って「あらゆる願いを祈りなさい」と言われます。私たちはあらゆる願いを祈っているでしょうか。随分と、願いをはしょってはいませんか。試練や戦いは、願わずにおれない時です。願いをはしょる必要はありません。夜を徹して祈られる主イエスに基づいて、聖霊の助けによって祈ることができます。キリスト者とはキリストの祈りと聖霊の執り成しを受けて、あらゆる願いを祈る人のことです。

あらゆる祈りと願いとを祈るようにと命じた後で、ここでは特に「すべての聖なる者たちのために根気強く祈りなさい」と言われます。「聖なる者たち」というのは、特別な聖人のことを言うのではありません。そうでなくすべての信徒たち、すべてのキリスト者たちのために祈れというのです。教会のすべての者たちのためにと言ってもよいでしょう。国や地域を越えて、どの地域のキリスト者のためにも祈ります。ウクライナのキリスト者たちのためにも、ロシアや中国にいるキリスト者たちのためにも、そして世界のキリスト者、日本のすべてのキリスト者、この教会のすべての兄弟姉妹のために祈ります。

エフェソの信徒への手紙によって教えられることはたくさんあります。改めていくつか挙げれば、この手紙をとおして私たちは、教会がその頭であるキリストの体であること、キリストは復活のキリストとして、今すでに神の権威と全能を帯びて、万物を支配しておられること、私たちはすでにキリストと共に生かされ、それによって共に復活し、共に栄光に生かされていること。キリストは敵対する二人の人をその十字架において一人の新しい人に造り変えておられること。そうしたエフェソの信徒への手紙が伝えている特徴的な事柄の中に、「すべての聖なる者たちを愛すること」の大切さも含まれています。すでにこの手紙の初めの部分、一章15節に「あなたがたが主イエスを信じ、すべての聖なる者たちを愛していることを聞き、祈りの度に、あなたがたを思い起こし、絶えず感謝しています」と記されていました。主イエスを信じることとは、主の体である教会のすべての聖徒を愛することと一つになっています。主を信じて、すべてのキリストたちを愛さないこと、そのために祈らないことはあり得ないことです。

そして使徒は「わたしのためにも祈ってほしい」と言います。教会は、福音の使者が福音を語ることができるように、神の助けを祈らなければなりません。ここには使徒パウロの言葉として「わたしのために祈ってほしい」と記されています。使徒は、復活のキリストの目撃証人であって、その世代限りの特別な人で、教会の土台です。その使徒が「わたしのために祈ってほしい」と言ったのであれば、その後の教会の牧者や宣教者は、どうしたらよいのでしょうか。ますます、福音を語れるように教会の祈りを必要としているのではないでしょうか。誰も自分の力で福音を語れる人はいません。

福音を語るには何を語ってもよいわけではありません。「わたしが適切な言葉を用いて話せる」ようにとあります。これは文字通りには、「わたしの口が開かれるときに言葉（ロゴス）

が私に与えられるように」というのです。神の言葉が語られるということは、語られる言葉が与えられることです。与えられなければ、神の言葉は語れません。そしてここには「大胆に語れるように」とあります。19節にも20節にも二度繰り返し「大胆に」と言われます。ある注解者は、新約聖書の中でこの「大胆に」という言葉は重大な言葉だと記しています。それでドイツ語の本ですが、「大胆に」という表題の本があるほどです。福音は大胆に語られるものです。「堂々と語れるように」と訳している聖書もあります。福音の奥義は公然と、大胆に、堂々と語られるべきです。

なぜなら、神の言葉それ自体が「大胆」だからです。「堂々たる言葉」だからです。それは語る者たちの性格ではなく、語られる事柄、主イエス・キリストにおける神の福音そのものが大胆なのです。神はその独り子を残虐非道な十字架に公然と渡されました。それによって人間の罪と悪をあばき出し、あろうことかその罪を御子に負わせ、御子の死によって罪ある者の贖いを果たし、かつまた御子を死者の中から復活させ、罪と悪と死に対して勝利者となさいました。それはまさしく前代未聞の大胆な神の救いの御業であり、堂々たる神の救済活動です。

悪魔的な者の攻撃の中に信仰者が立たされると記されてきました。しかし攻撃は神の福音そのものに向けられます。福音を聞こうとしません。聞いても受け入れません。福音の使者たちを歓迎しません。福音そのものが試練の中にあり、福音の使者もしばしば不自由な状態にいます。異なる福音による妨害もあります。今日も旧統一教会のことが問題になり、その献金や子供たちに対する圧迫が話題になっています。世間では、キリスト教会も統一教会も区別がつかないかもしれません。だからこそ「福音の神秘を大胆に示すことができるように」祈らなければならないでしょう。堂々と福音の秘義を知らせることができるように祈るべきです。

そのために祈ってほしい、祈ってくださいとパウロは書いています。説教者は誰もみな、祈りの中で福音を語る準備をします。福音を語ることは、神の救いの神秘である奥深い福音を語ることで、祈ることなしに本当には語れないからです。説教者自身の祈りが求められます。しかしそれだけでなく、福音は教会による祈りによって語られるものです。教会の祈りによって神から与えられる言葉でなければ、福音を語る言葉にはならないのです。

今、教会に必要なことは何でしょうか。牧師・説教者だけでなく、すべてのキリスト者たちが祈って、福音を伝える者が口を開くとき神の言葉が与えられ、福音が大胆に語られること、堂々と神の救いの御業が伝えられることではないでしょうか。福音を大胆に語れるように祈ってほしいと思います。すべてのキリスト者たちと共に福音の神秘を大胆に示すことができるように祈ろうではありませんか。

六章21－22節

信仰者の消息

わたしがどういう様子でいるか、また、何をしているか、あなたがたにも知ってもらうために、ティキコがすべて話すことでしょう。彼は主に結ばれた、愛する兄弟であり、忠実に仕える者です。彼をそちらに送るのは、あなたがたがわたしたちの様子を知り、彼から心に励ましを得るためなのです。

キリスト者の信仰生活は孤立した生活ではありません。個々ばらばらのように見えても、祈りにより、また礼拝によって唯一の神の民としてあり、一人の主イエス・キリストにあって主の体である教会の一つの交わりに入れられています。それで信仰生活には互いの安否を問い、互いに祝福を祈り合う信仰の交わりがあります。

今朝の聖書の箇所は、エフェソの信徒への手紙の最後にパウロが自分たちの様子を知らせる場面を描いています。そして自分たちの様子を知らせるために弟子の一人ティキコを遣わすと書いています。著者はパウロの信仰を継承した教会のリーダーだったと思われますが、使徒パウロを著者に見立て、パウロの言葉としてこの手紙を記しました。それによるとパウロたち一行は今、牢獄に捕らえられ、そこから手紙を記しています。実際、パウロは何度も、福音のために牢に閉じ込められ、そこから手紙を書くことがありました。

20節には福音の使者として「鎖につながれている」と記されています。その牢獄の中の自分たちの様子を、真実にエフェソの人々に知らせたいと思っています。誤った情報で自分たちのことが曲げて伝えられれば、誤解が生じ、誤解によって人々がいたずらに苦しむこともあります。そうあってほしくないと思ったでしょう。親しい者の様子を知ることは、信仰生活において重大なことです。しかし信仰者の消息を正しく知ることは、決して簡単なことではありません。

もう五〇年前になりますが、東西分裂の状態の中にあった西ドイツのチュービンゲンに留学しました。学期が始まる前の二、三か月、カトリックの老婦人の家で過ごしたことがあります。ドイツ語に少し慣れた頃、教会のお墓に案内されました。彼女の息子さんのお墓参りでした。しかしそのお墓に実際には息子さんは埋葬されていないという話でした。第二次世界大戦のドイツ東部戦線、つまりソ連との戦線に息子さんは出兵し、そして消息不明になったというのです。息子さんが生きているのか、死んだのか、分からないという彼女の悩みを知らされました。すでに死んだと思って墓を設けたという話でした。ソヴィエト連邦に長く捕虜になっていると考えることは、なおつらいと話していました。戦時下で消息不明になった家族を持つ苦しみがドイツにもあるのだと、当然のことを改めて知る機会になりました。

意気揚々と見えた人が、内心実は苦しんでいたという話はよくあります。逆に苦難の中にありながら、恵みに満ち足りた信仰に生きたケースもあるでしょう。獄中にあるパウロが「わたしがどういう様子でいるか、また、何をしているか、あなたがたにも知ってもらいたい」と言うのは当然でしょう。信仰の交わりを生きる人の当然の思いです。獄中にいる自分たちのことで苦しむことのないようにということでもあるでしょう。

パウロの獄中の様子は、例えば使徒言行録一六章に伝えらています。フィリピの牢獄の奥深くに捕らえられたパウロたち一行の姿が記されています。彼らは真夜中にあって讃美を歌い、祈っていたと伝えられています。「どういう様子で、何をしているか」、苦難の中にあって彼らは歌い、祈り、礼拝し、証しし、伝道していたのです。これが伝えられなければ、いくら置かれている状況の厳しさが正確に伝えられたとしてもフェイクニュースになってしまうでしょう。パウロたちの様子を真実に伝えるためには、それができる人が伝えなければなりません。ティキコが遣わされる必要があったわけです。

「ティキコがすべて話すでしょう」とあります。ティキコは使徒言行録によると、アジア州出身でパウロの第二伝道旅行の時、エフェソからパウロたちに同行した青年の一人です。彼はこの手紙の受取人であるエフェソの教会の人々と同郷の人です。ティキコについて特に「彼は主に結ばれた、愛する兄弟であり、忠実に仕える者です」と言われます。彼でなかったら正確な真相を伝えることはできません。キリスト者の様子、その真相を伝えるのは、「主にあって愛する兄弟、真実な奉仕者」にして初めてなし得ることです。

キリスト者の様子、キリスト者である彼らがどうしているか、何をしているかは「主にあって」「主に結ばれて」いなくては真相は分かりません。なぜでしょうか。ある牧師がこの箇所を説教して語っています。「様子」というのは「彼の今ある本当の事ども」だ、そしてそれは「信仰によって与えられたこと」ではないかというのです。そうだとすれば、「本当の事ども」は「自分は、神に造られたものである」ということ、「それなのに自分は罪びとである」ということ、「しかも神は自分を救ってくださったということ」だと言います。このことを欠いたら一番重要なことに触れずにその人の様子をごく浅くなぞるだけで、真実を伝えることにはならないと言うのです。

私たちが本当の現実、しかもキリスト者の現実を知り、それを伝えるということは、決して信仰なしにできることではありません。信仰なしに伝えるのでは神が共にいますという重大事実を無視するか、その意味や力を知らずに報告することになるでしょう。それでその人の本当の様子、その人の真の現実が分かるかのように伝えるなら、それはフェイクニュースを流すことになるでしょう。何が起きようと私たちは神に造られた、罪びとだが救われたという事実が支えている。それはそのとおりです。

しかし、このことを繰り返し語るだけでも伝わらないものがあるのではないかとも思われます。ほかならないその人たちの特別なことが伝えられる必要もあるでしょう。神の救いがその人たちと共にある。それは生ける神の助けがあることです。そのとき、その状況に即した神の助けがあるはずです。そのときの神の助け、神の働きを伝えるのでなければ、それによって生かされている人の様子、その消息を正確に伝えることにはならないでしょう。神は生きておられます。だから信仰者はそれぞれの試練の中にも生かされているのではないでしょうか。

私たちの状況は、これまで経験したことのない状況になることもあるでしょう。しかしどんな状況に立ち至ったとしても信仰者の真相は神が共にいます中にあります。神がイエス・キリストにあって働いてくださっている中にいます。神が共にいてくださるということは、神がただ存在しているだけでなく、神が主イエスにあって憐れみ、助け、守り、統治しておられることです。この生ける神の助けを抜きにして、神がまるでいないかのように苦しい状況にいるキリスト者を伝えても、信仰者の真の現実を本当には伝えてはいません。「神共にいます」という恵みの中で、主イエス・キリストは私たちの罪を負い、苦難と死とを負い、私たちを神の子とし、神の平安と愛に、そして命にあずからせています。この神の助けを抜きにして、私たちの現実は伝わらないでしょう。私たちはどんな重荷を負うときにも、神の愛と御力によって背負われています。

それで、パウロはティキコを送るのです。「わたしたちの様子を知り、心に励ましを得るため」と言いました。キリスト者の様子を本当に知るならば、それを知った人の心には励ましが与えられると言うのです。それは、信仰者の様子の中にその信仰者自身の英雄的な戦いがあるからではありません。そうでなく、信仰者の様子の中に神の助けと神の恵みの支配とがあるからです。キリストの支えと聖霊の力づけがあるからです。それによって時には、キリスト者の信仰ゆえの英雄的な戦いもあります。パウロが「わたしたちの様子を知って」と言っているのは、「パウロたちの様子の中に働いている神の助け、神の御力を知って」ということでしょう。

神は、あらゆるキリスト者の信仰と生活の中で、今日も働き、助け、救い、導いてくださっています。そのことを知ること、それが信仰者の消息、その様子を知ることであり、それは当然、知る人の「心に励ましを」与えます。生ける神の働きのゆえに私たちは、互いの心に励ましを与え合う関係に置かれています。生ける神の助けがあるから、それを証しし合うことができます。神の助けはそれぞれの状況、環境の差を越えています。国境を越えています。あらゆる壁を越えて、キリスト者は一つの群れとして、唯一の神の助けによって神の憐れみに背負われています。安心して、希望を持って、互いの消息を分かち合いましょう。

六章23－24節

最後の言葉

平和と、信仰を伴う愛が、父である神と主イエス・キリストから、兄弟たちにあるように。恵みが、変わらぬ愛をもってわたしたちの主イエス・キリストを愛する、すべての人と共にあるように。

手紙の終わりには最後の言葉があります。最後の言葉がないと、未完結で中途半端な手紙になってしまうでしょう。今朝はエフェソの信徒への手紙を完結させる最後の言葉に注目して、この手紙に導かれた何度かの説教の締めくくりの言葉を聞きたいと思います。

23節には「平和」と「愛」が語られています。「平和が兄弟たちにあるように」、そして「信仰を伴った愛が父である神と主イエス・キリストからあるように」と記されています。これは祝禱の言葉です。続く24節も同様です。「恵みがわたしたちの主イエス・キリストを愛するすべての人と共にあるように」と言います。エフェソの信徒への手紙の最後は、祝禱の言葉です。礼拝の最後と同じと言ってもよいでしょう。この手紙は祝禱の言葉で閉じられます。

実際、この手紙はエフェソやラオディキヤがあった地方、アジア州の諸教会に宛てられ、複数の教会に回覧され、実際に礼拝の中で読まれたと思われます。手紙の最後のこの祝禱をもって、この手紙が読まれたその日の教会の礼拝が終了したこともあったのではないでしょうか。

私たちの礼拝も祝禱で終わります。通常、祝禱の言葉は、旧約聖書の民数記六章に伝えられるアロンの祝禱、モーセが兄アロンに託した祝禱か、さらに多くは、コリントの信徒への手紙二、一三章の最後にパウロが記した祝禱です。「主イエス・キリストの恵み、神の愛、聖霊の交わりがあなたがた一同と共にあるように」と祈られます。エフェソの信徒への手紙では、これに対して「平和」と「愛」と「恵み」があるようにと祈られています。「恵み」と「愛」はどちらにも共通しています。「聖霊の交わり」に代えて、エフェソの方では「平和」があるようにと祈られます。違いがあるというよりも、神からの祝福は、ひとまとまりの一大連関にあって、大きく豊かな祝福として多彩な要素と局面を含んでいると言うことができるでしょう。それは恵みであり、愛であり、交わりであり、平和です。祝禱は神の祝福の大きなまとまり、神の巨大な恵みの働きを祈ります。

祝禱に応えて祝福を実現するのは、誰でしょうか。祈る人自身ではありません。祈られる人たちでもなく、祈りに応えてくださる神です。神はモーセをとおしてアロンの祝禱を与えたとき、アロンとその子らがイスラエルの民を祝福すれば、「わたしが彼らを祝福する」と約束なさいました（民六27）。祝禱に働くのは、祈る者でもなければ、祈られる会衆でもありません。祝禱が意味しているのは、祝禱に臨在しておられる生ける神がおられるということ、そしてその神が祝福を実現してくださることです。

エフェソの信徒への手紙の祝禱には、「平和があるように」とあります。「シャローム」があるようにと言います。それはイスラエルの民の日頃の挨拶でした。私たちが「こんにちは」と言うところで、イスラエルの人々は「シャロームがあるように」と言い合ったのです。初代教会においてもこの平和の挨拶は重んじられました。しかしとりわけ覚えたいのは、主イエスが神との平和、神との和解を築いて私たちに平和を与えられたこと、そしてそのうえで平和の祝禱をしてくださったことです。

平和は、神からの和解が争いに打ち勝った状態です。神との平和があるところ、罪は赦され、審判を恐怖することのない平安が与えられます。真の平和には恐れのない魂の平安が伴います。ですからどんな危険の中でも守られている者の安心があります。十字架をとおして贖いを果たし、復活によって罪と死に打ち勝った主イエスは、「あなたがたに平和があるように」と言われました。そう言って弟子たちを世に派遣なさいました（ヨハ二〇21）。主イエスの祝禱は主の十字架に根拠を置いています。それで主イエスは一二年間長血の病に苦しんだ婦人を癒したときも、「安心して行きなさい」と言われました。礼拝の祝禱は、この主イエスの祝福を伝えます。主の贖いによって神との平和に入れられた者として、人生や世界にどんな不安があるとしても安心して行きなさい。そう言って主イエスの祝福が会衆を世に派遣します。

主イエスの祝福は、私たちに安らぎを与え、その安らぎには主にあって人生を引き受けて生きる勇気と喜びが伴います。主の祝福こそが安心を与える神の恵みの力です。そして世に派遣する神の力でもあります。

ですから、「祝禱の神学」を言えば、祝禱は祝禱に臨在する神の恵みであり、祝禱の中で主イエスの祝福を受けることになります。祝禱は主イエスの祝福に基づいています。

その祝福は誰を祝福するでしょうか。それを聞く、あなたがたをでしょう。アロンの祝禱もイスラエルの民に向かい、「主があなたに恵みを与えられるように」と祈られました。コリント第二の手紙の祝禱も「主イエス・キリストの恵み、神の愛、聖霊の交わりが、あなたがた一同と共にあるように」と祈られます。祝禱はあなたがたのためです。ただしエフェソの信徒への手紙の祝禱は、あなたがたにでなく、「兄弟たちに」と言われ、「すべての人と共にあるように」と言われます。兄弟たちとは主イエス・キリストにあって兄弟とされた人たちということです。「すべての人と共に」というのは「私たちの主イエス・キリストを愛するすべての人たちと共に」です。この祝禱は、主にある兄弟であるすべてのキリスト者のために祈られています。そこにこの手紙の特徴があります。大きなキリストの祝福がすべてのキリスト者を包んでいます。この手紙はそこに注意を注いでいます。

エフェソの信徒への手紙の最後の言葉は祝禱でした。神の大きな祝福はすべてのキリスト者、キリストを愛するすべての人を包みます。そしてこの祝禱の言葉の中にさらに最後の言葉があります。それは「朽ちることなしに」「朽ちない中で」という言葉です。それがエフェソの信徒への手紙全体の最後の言葉になっています。「朽ちないこと・朽ちない中で」とはどういうことでしょうか。共同訳聖書は、それは主イエスを愛する私たちの愛を説明する言葉だとして、「朽ちない愛」とし、「変わらぬ愛をもって」と訳しました。残念ながら適訳とは思われません。「朽ちない」というのは、私たちの愛を語っているのではないでしょう。パウロは「朽ちない」という言葉を復活の命の特質として用いました。朽ちない命は神の命であって、それにあずかる永遠の命です。私たちの愛ではなく、神の恵み、神からの恵みが朽ちることなく、働き続けるのです。ですから祝禱で祈られた神からの平和、父である神と主イエス・キリストからの愛、そして恵み、これら大きな神の祝福が朽ちることのない命と真実を持って働き続けるようにということでしょう。口語訳聖書は「変わらない真実をもって恵みがあるように」と訳しました。

神の恵みが朽ちることのない真実と命をもって働き続ける。それがこの手紙の最後の言葉です。そうするとこの手紙の初めと終わりが見事に対応していることが分かります。この手紙は「わたしたちの父である神と主イエス・キリストからの恵みと平和が、あなたがたにあるように」（一2）という祝福から書き始められました。そしてその神の恵みが秘められた神の御計画により、キリストにおける選びと救いの業によって、また絶大な働きの力によって実現する次第を、長大な一続きの文章で語りました。その書き出しに対応して、最後の言葉はその神の恵みが朽ちることのない永遠の命と真実をもって、すべてのキリスト者にあるようにと言うのです。朽ちることのない神の恵みの働きの中にすべてのキリスト者たちを置き続けます。それが神の祝福の業です。その中に置かれ続ける幸いを感謝したいと思います。

この手紙の最後の言葉を聞きました。しかしこの手紙の写本の中には、さらにもう一言付け加えられているものが多いと言われます。それは「アーメン」という一言です。私たちの聖書の訳はその写本を採用していません。もともとの手紙自体は祝禱で終わったに違いないからです。「神の恵みがあるように、朽ちることなく」と言うのが最後の言葉でしょう。そしてそれが教会に回覧され、アジア州の諸教会の礼拝で読まれたとき、どの教会でも会衆は声をそろえて「アーメン」と応答したのではないでしょうか。そしていつしか多くの写本がその応答をも本文の中に入れたのだと思われます。

私たちの聖書は「アーメン」と記していません。しかし今朝、私たちもエフェソの信徒への手紙の最後の祝禱の言葉、「神の恵みがあるように、朽ちることなく」と言われるとき、「アーメン」と応えるのではないでしょうか。「アーメン」と応えて、主イエスの祝福、神の大きな祝福の朽ちることない恵みの力に包まれていることを心から感謝し、その恵みの力によって礼拝後の人生に踏み出していきたいと思います。

あとがき

本書はエフェソの信徒への手紙の説教三六編を一冊にした説教集です。私の説教でいわゆる連続講解説教の形を取ったものは、旧約聖書では、ヨセフ物語、ダビデ物語、ダニエル書の連続説教（『窮地に生きた信仰』に収録）、ルツ記（『確かな救い』に収録）、それにエリヤ物語とエレミヤ書の説教（『死のただ中にある命』に収録）です。新約聖書では、ヨハネの手紙一（『確かな救い』に収録）、ガラテヤの信徒への手紙（『十字架のキリスト以外に福音はない』に収録）があります。本書は新約聖書の中の三冊目の連続講解説教になります。

説教にあたっては、いつも複数の注解書に目を通すようにしてきました。今回は、結果的に一貫して使用したのは、カトリックの新約学者、ヨハネ福音書のすぐれた注解者であるシュナッケンブルクのものでした。ただし彼のエフェソ書注解は特に優れた注解書と思えたわけではありません。その他、Herr, tue meine Lippen auf や、Gottfried Voigt の黙想集、Calwer Predigthilfen にあるエフェソ書の黙想にはできるだけ目を通しました。竹森満佐一『講解説教・エペソ人への手紙』からは特に後半部分で刺激を受けました。

私の手帳を見ますと、エフェソ書による一連の説教の最初は二〇一九年五月一九日の銀座教会での礼拝説教とあります。以後、ほぼ毎月第三主日にエフェソ書の説教を行いました。アドベントや受難週など別の箇所に拠った時もありましたので、最後の説教は二〇二三年二月一九日で、三年半をエフェソ書の説教と共に過ごしたことになります。この間は、新型コロナ感染の第一波から第八波までに重なり、最後の一年はロシアのウクライナ侵略と、また私自身の生活では『キリスト教教義学』下巻の執筆時期と重なりました。エフェソ書との取り組みから教義学に対する刺激をかなりの程度受けました。

説教集の題をその中の一つの説教題によって「キリストこそわれらの平和」としたのは、編集者の勧めに従ったものです。「平和」はイスラエル以来、原始教会でもエフェソの信徒への手紙でも神の恵みによる救いの状態であり、この手紙の冒頭と最後の祝禱の言葉にあり、また二章15節にあるように主キリストの十字架において実現された事態です。またエフェソの信徒への手紙が福音と言う時、それは「平和の福音」（二17、六15）です。もちろんエフェソ書の中心主題をどこに見るかと言えば、結構、難問と思われます。私としては、神の絶大な力によって諸勢力・諸権威の上に挙げられた万物の頭キリストが、教会の頭とされ、御自身の体である教会を神のプレローマの体となさるというメッセージと思います。それゆえキリスト者は教会の肢体として強くされ、そして愛と平和に生かされるのだと思います。この手紙のメッセージは、今、弱体化していると見られる全キリスト教会を神の絶大な力によって強くし、世にあるさまざまな戦いの中で「悪い者の放つ火の矢をことごとく消され」、主イエスの十字架による

「平和の福音」を告げさせるでしょう。

本書の出版にあたっては、教文館出版部の高木誠一さんに終始お世話になりました。心からお礼申し上げます。

二〇二三年三月三一日

近藤勝彦

《著者紹介》
近藤勝彦（こんどう・かつひこ）
1943年東京生まれ。東京大学文学部卒業、東京神学大学大学院修士課程修了。神学博士（チュービンゲン大学）。東京神学大学教授、学長、理事長を経て、現在は名誉教授。日本基督教団銀座教会協力牧師。
著書　『デモクラシーの神学思想』（2000年）、『伝道の神学』（2002年）、『啓示と三位一体』『キリスト教の世界政策』（2007年）、『キリスト教倫理学』（2009年）、『二十世紀の主要な神学者たち』（2011年）、『贖罪論とその周辺』（2014年）、『救済史と終末論』（2016年）、『キリスト教弁証学』（2016年）、『キリスト教教義学（上・下）』（2021年、2022年）ほか。

キリストこそわれらの平和――エフェソの信徒への手紙講解説教

2023年11月10日　初版発行

著　者　近藤勝彦
発行者　渡部　満
発行所　株式会社　教文館
〒104-0061 東京都中央区銀座4-5-1　電話 03(3561)5549　FAX 03(5250)5107
URL http://www.kyobunkwan.co.jp/publishing/

印刷所　モリモト印刷株式会社

配給元　日キ販　〒162-0814　東京都新宿区新小川町9-1
電話 03(3260)5670　FAX 03(3260)5637

ISBN978-4-7642-6468-7　Printed in Japan